*Bartender
profissional:*
*fundamentos
e técnicas
essenciais*

ADMINISTRAÇÃO REGIONAL DO SENAC NO ESTADO DE SÃO PAULO

Presidente do Conselho Regional: Abram Szajman
Diretor do Departamento Regional: Luiz Francisco de A. Salgado
Superintendente Universitário e de Desenvolvimento: Luiz Carlos Dourado

EDITORA SENAC SÃO PAULO

Conselho Editorial:
Luiz Francisco de A. Salgado
Luiz Carlos Dourado
Darcio Sayad Maia
Lucila Mara Sbrana Sciotti
Luís Américo Tousi Botelho

Gerente/Publisher: Luís Américo Tousi Botelho
Coordenação Editorial: Verônica Marques Pirani
Prospecção: Andreza Fernandes dos Passos de Paula, Dolores Crisci Manzano, Paloma Marques Santos
Administrativo: Marina P. Alves
Comercial: Aldair Novais Pereira
Comunicação e Eventos: Tania Mayumi Doyama Natal

Edição e Preparação de Texto: Lucia Sakurai
Coordenação de Revisão de Texto: Marcelo Nardeli
Revisão de Texto: Mariana Jamas
Projeto Gráfico, Capa e Editoração Eletrônica: Ricardo Martini
Fotografias: Estúdio Gastronômico Luna Garcia
Imagens Adobe Stock: p. 66 e quarta capa
Impressão e Acabamento: Maistype

Proibida a reprodução sem autorização expressa.
Todos os direitos desta edição reservados à
Editora Senac São Paulo

Avenida Engenheiro Eusébio Stevaux, 823 – Jurubatuba
CEP 04696-000 – São Paulo – SP
Tel.: 11 2187-4450
E-mail: editora@sp.senac.br
www.editorasenacsp.com.br

© Editora Senac São Paulo, 2025

Dados Internacionais de Catalogação na Publicação (CIP)
(Claudia Santos Costa – CRB 8ª/9050)

Gil, Claudio Tiberio
    Bartender profissional : fundamentos e técnicas essenciais /
Claudio Tiberio Gil. – São Paulo : Editora Senac São Paulo, 2025.

    Bibliografia.
    ISBN 978-85-396-5413-0 (impresso/2025)
    e-ISBN 978-85-396-5414-7 (ePub/2025)
    e-ISBN 978-85-396-5415-4 (PDF/2025)

    1. Bebidas e coquetéis.   2. Bartender – Técnicas de
serviço. 3. Bartender – Mercado profissional. I. Título.

25-2408c   CDD – 641.874
                                         647.95
                             BISAC CKB006000

Índice para catálogo sistemático:
1. Bebidas e coquetéis : Gastronomia 641.874
2. Serviços de bares e bebidas 647.95

Bartender profissional:

fundamentos e técnicas essenciais

Claudio Tiberio Gil

Editora Senac São Paulo – São Paulo – 2025

Sumário

8   *Prefácio*

10   *Apresentação*

12   *Capítulo 1 – Introdução à coquetelaria*
Coquetel ou cocktail?   14
Coquetelaria: arte ou ciência?   15
Escolas clássicas da coquetelaria   16
IBA e ABB: padronizando a coquetelaria   20
Coquetelaria freestyle e autoral   22
Barman ou bartender?   23
Saideira   24

26   *Capítulo 2 – Bebidas e outras matérias-primas dos coquetéis*
Fermentados e destilados: processos de produção   28
Principais bebidas base da coquetelaria clássica e suas características   31
Além da base   40
Saborizantes ou agentes de sabor   42
Diluentes   45
Complementos   46
Aromatizantes   49
Guarnições   49
Sistema de compra e estocagem de bebidas   50
Sistema de conservação e armazenagem de bebidas   52
Saideira   54

56   *Capítulo 3 – Um coquetel para cada ocasião*
Coquetelaria, um propósito maior   58
Classificação e indicação dos coquetéis   60
Categorias e volumes de produção   63
Modalidades de produção e técnicas   65
Saideira   67

68   *Capítulo 4 – Pesos e medidas: as ferramentas operacionais do bartender*
Unidades de peso e tabelas de conversão   71
Unidades de medida líquida e tabelas de conversão   72
Fatores de correção para compra e uso de alimentos   75
Cálculos para precificação de coquetéis   78
Ficha técnica: a principal ferramenta do bartender   83
Saideira   87

Bartender profissional: fundamentos e técnicas essenciais

88   **Capítulo 5 – Utensílios e equipamentos básicos da coquetelaria**
Utensílios básicos da coquetelaria clássica   90
Copos e taças da coquetelaria clássica   99
Equipamentos básicos de bar e seus cuidados   105
Ferramentas de uso pessoal e segurança do bartender   110
Saideira   111

112   **Capítulo 6 – O bartender: relação com o mercado e perfil profissional**
O profissional do bar e suas responsabilidades no setor de turismo e hospitalidade   114
Campos de atuação do bartender   118
Perfil profissional e tipos de bares   125
Evolução da profissão e competências técnicas   137
Saideira   138

140   **Capítulo 7 – Técnicas básicas de coquetelaria**
Frutas, tipos de sucos e cortes de guarnições cítricas   142
Sucos e guarnições também devem ser seguros   150
Crustas   151
Montar, mexer e bater   153
Smash ou maceração   155
Toppings: coroações com espumas, cremes e chantillys   157
Esse tal mise en place   161
Saideira   163

164   **Capítulo 8 – Coquetéis clássicos: suas escolas e histórias**
Coquetéis clássicos inesquecíveis   167
Coquetéis clássicos contemporâneos   177
Coquetéis clássicos da nova geração   196
Saideira   203

204   **Capítulo 9 – O clássico "chorinho" para o bom cliente**
Escola brasileira de coquetelaria à vista   207
Uma releitura conta uma história   216
Mocktails   222
Coquetéis populares e autorais da escola brasileira   225
Saideira   238

240   **Referências**

Glossário de ícones

Ao longo do livro, você vai encontrar vários ícones que servem para comunicar uma informação de forma visual e objetiva, indicar leituras adicionais ou recursos ou fazer referência a outro trecho do livro. Ao lado, você encontra um glossário com os ícones utilizados. Consulte esse guia sempre que precisar.

ícones de navegação geral

GUIA
Um resumo dos assuntos abordados em cada capítulo

DICA
Um toque para ajudar na navegação do livro ou no aprendizado

CURIOSIDADE
Um assunto relacionado que complementa o tema tratado no capítulo

ATENÇÃO, BARTENDER!
Um ponto de atenção sobre algum trecho ou uma dica prática para o leitor

Faz referência a outra página no livro (em mão-dupla)

ícones temáticos: copos e taças

taça martini ou coquetel

taça coupette

copo rocks

copo americano

taça flute

taça de vinho

caneca

taça hurricane

Bartender profissional: fundamentos e técnicas essenciais

ícones temáticos: produção, técnicas e instrumentos

 mexido no copo de mistura
 mexido no copo baixo
 mexido no copo alto
 hard shake
 batido

 throwing
 rolling
 balança
 cozinhar
 liquidificador

 coador Hawthorne
 peneira fina
 socador
 xarope
 spray

ícones de gradação

intervalo de preço

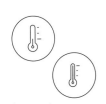

temperatura

ícones temáticos: guarnições e ingredientes

 ervas aromáticas
 bitters
 gelo
 torrão de açúcar
 temperos especiarias

 cereja

 twist
 azeitonas
 meia rodela
 suco de cítrico

 sorvete
 whisky conhaque licor
 bebida gasosa
 vinho
 espumante

 café
 xarope de mel

Sumário

Prefácio

Ouso dizer que a escrita deste livro começou há mais de 25 anos, quando conheci o bar de uma maneira diferente. Sempre gostei de me sentar ao balcão e sentir a leveza e a descontração que os bares proporcionam. Por volta do ano de 2001, conheci um local que, pela necessidade de mão de obra, me permitiu ver o balcão do lado oposto. O proprietário era um verdadeiro rebelde no que tangia os serviços de bar na época, a começar pelo modo como definia a profissão. Enquanto todos aqueles que trabalhavam atrás das barras se diziam barmans, ele se definia como bartender, traduzindo o termo como atendente de balcão. Ousado, exigente, mas muito generoso, ofereceu-me a oportunidade de trabalhar e aprender um novo ofício, e foi assim que este livro começou a ser escrito.

Por anos trabalhei em bares e conheci pessoas incríveis que me ajudaram, ensinaram e que também aprenderam comigo. Não arriscarei escrever seus nomes aqui, seria impossível listar todos, mas posso garantir que muitos ainda estão na ativa e comandando as barras de bares famosos em São Paulo.

Foi assim que tudo começou, e após aprender a prática da profissão, comecei a perceber a falta que a teoria fazia. Percebi que por anos reproduzi de maneira quase mecânica, ainda que assertiva, as produções e os serviços que os bares exigiam, e que seria muito melhor misturar, além de ingredientes, história, culturas e saberes. Comecei, então, a coletar e codificar as informações da coquetelaria. Estudei, empreendi, e quanto mais me aprofundava, mais notava que as informações sobre a coquetelaria estavam muito soltas no Brasil, sempre muito subjetivas, sem uma codificação formal que nos apontasse uma direção correta em relação às técnicas. Até mesmo as poucas obras robustas que tínhamos sofriam com a desatualização por conta da velocidade do mercado ou ainda equívocos nas traduções, quando vinham de outras culturas.

Este trabalho tem o propósito de auxiliar os bartenders a compreenderem as técnicas, o mercado e a própria carreira. *Bartender profissional: fundamentos e técnicas essenciais* é a extensão do trabalho que eu e tantos outros nomes do Senac São Paulo realizamos dentro do Laboratório de Alimentos e Bebidas à frente do curso de formação de bartender.

Claudio Tiberio Gil

Apresentação

Se você está lendo estas linhas, provavelmente, em algum momento se interessou por coquetéis ou pela profissão de bartender, certo? Talvez seja um profissional do segmento em busca de novidades ou atualização. Seja qual for o caso, é muito bom encontrá-lo aqui. Saiba que este é o melhor momento para isso, pois nunca em nossa história precisamos tanto de profissionais de alimentos e bebidas como agora. A cada dia, inúmeras vagas surgem no mercado de trabalho, que está ansioso por acolhê-lo, mas esteja certo de uma coisa: para trabalhar e ter notoriedade nesse novo cenário não basta apenas ter curiosidade e boa vontade, é preciso conhecer bem a profissão, os setores e as demandas, além de ser fundamental reconhecer e desenvolver suas habilidades e competências técnicas para alcançar o sucesso.

Este livro apresenta os quesitos para o desenvolvimento das habilidades do profissional de bar. Mais do que fazer misturas, o trabalho do bartender contemporâneo é também compreender seu papel como manipulador de alimentos, microgestor, vendedor e responsável pela proteção e propagação da cultura gastronômica. A obra traz, além desse novo panorama do mercado, uma estruturação sistêmica e técnica da coquetelaria, abordando suas divisões por escolas, finalidades, modalidades e categorias. Tal fundamentação passeia pelas diferentes bebidas bases, complementos e guarnições e apresenta um receituário com dezenas de coquetéis clássicos e suas histórias, chegando ao final com informações muito importantes sobre os novos movimentos e práticas do setor, como releituras, homenagens e técnicas de adaptações da coquetelaria popular.

Boa leitura!

Apresentação

1 Introdução à coquetelaria

Beber é um ato simples.

Se praticamente todas as bebidas alcoólicas são comercializadas prontas, por que passamos a misturá-las, e o que nos leva a dar tanta importância às tradições e histórias dessas misturas?

Copos, taças e cores mexem com nossos sentidos tanto quanto sabores e aromas. Se não fosse assim, beberíamos em copos opacos. Adoramos a transparência da vidraria, que nos permite visualizar o líquido que preenche nossos copos com cores vibrantes. Com o tempo, passamos a valorizar os recipientes corretos para cada tipo de bebida e até fazemos links mentais sobre uma viagem, um local e até mesmo uma pessoa com determinada bebida ou coquetel. Pois bem, esse é o mundo da coquetelaria, e nele, tudo tem um motivo, uma história ou uma tradição. Este capítulo é um convite para conhecê-lo.

A mistura de sucos, temperos, frutas, condimentos, especiarias e álcool é uma prática que remonta à Antiguidade. A maioria dessas misturas tinha fins medicinais ou para melhorar o sabor das bebidas que não tinham tanto polimento e cuidado na sua preparação, um cenário bastante diferente dos dias de hoje, em que empresas levam a produção de suas bebidas a um nível de seriedade tão grande que guardam as receitas e segredos dos seus destilados, licores, vinhos e bitters em cofres de banco, com acesso restrito somente aos mestres de produção e seus descendentes.

Essa evolução do mercado não fica somente no campo da produção das bebidas; estende-se aos profissionais que preparam e servem esses produtos nos balcões e

GUIA

Uma introdução à coquetelaria e sua história. Apresenta as principais escolas que inspiram até hoje e mostra o papel da IBA como propulsora no renascimento da coquetelaria nas últimas décadas.

nas mesas de todo o mundo. Se antigamente misturar bebidas servia para mascarar sabores desagradáveis, hoje, essas combinações nos levam a conhecer novos gostos, cores, texturas e sensações, ampliando nossas experiências e expandindo nosso repertório gastronômico.

Coquetel ou cocktail?

Você já se perguntou de onde vem a palavra coquetel?

Derivado do termo inglês cocktail, embora seja internacionalmente conhecido e utilizado em todos os bares do mundo, não se pode afirmar a sua verdadeira origem.

Algumas versões, no entanto, são bastante interessantes: uma delas faz alusão a cavalos de corrida nascidos do cruzamento entre raças diferentes e que, por este motivo, tinham rabos menores. Durante as corridas, essas caudas erguiam-se como o rabo de um galo. Há quem associe esses cavalos sem raça pura, ou seja, essa mistura de raças, à mistura de bebidas. Traduzindo, o termo cocktail quer literalmente dizer "rabo de galo". Isso mesmo! Entendedores certamente fizeram a ligação imediata entre a tradução e o tradicional coquetel brasileiro, que recentemente passou a fazer parte da carta da IBA (International Bartenders Association). Caso você não tenha entendido, não se preocupe! Até o término da leitura deste livro, você saberá perfeitamente do que se trata.

Voltando às possíveis origens da palavra, existe ainda uma versão que liga o termo às rinhas de galo, muito tradicionais na Europa e nos Estados Unidos durante o século XVIII. Neste caso, fica ainda mais difícil saber ao certo o nascimento do termo, pois poderia se referir ao hábito do galo, que levantava o rabo antes de voltar à briga; à tradição dos apostadores de retirar uma pena dos rabos dos galos para adornar seus chapéus e mostrar quantas vezes já tinham vencido apostas durante aquela noite; ou até mesmo à tradição de misturar bebidas no copo utilizando a pena do rabo de um galo como stir, visto que durante a época da Lei Seca nos Estados Unidos, as pessoas misturavam condimentos e ingredientes às bebidas alcoólicas para disfarçar o consumo proibido.

Coquetelaria: arte ou ciência?

Você já pensou na coquetelaria como gastronomia?

Gastronomia é um conjunto de práticas e conhecimentos relacionados à arte culinária, e não é difícil enquadrar a coquetelaria no mesmo conceito. No entanto, quando falamos em gastronomia, logo pensamos no ato de ingerir alimentos sólidos. A verdade é que mudamos os nossos hábitos alimentares e passamos a exigir, além do fator nutricional dos alimentos, o fator "prazer". Não queremos mais só comer, queremos coisas saborosas em todas as refeições e o tempo todo. Pensando dessa forma, não utilizar copos para essa tarefa parece um enorme desperdício de possibilidades.

Assim, podemos nos servir dessa mudança de hábito e dar visibilidade ao valor e à importância da coquetelaria. Se por um lado a arte pode ser uma expressão criativa que engloba uma grande variedade de formas e possibilidades culturais para transmitir de maneira subjetiva ideias e sensações humanas, por outro, a ciência fundamenta de maneira prática, padronizada e sistemática as observações desses atos. Dessa forma, se misturarmos numa coqueteleira todas as culturas, histórias,

Introdução à coquetelaria

tradições e preferências pessoais utilizando técnicas, padronizações e conhecimentos da coquetelaria clássica observados e registrados desde a publicação da bíblia inglesa da coquetelaria, The bartender's guide (Thomas, 1862), que coleta e codifica a tradição oral das misturas desde as primeiras destilações feitas há mais de mil anos na Índia, serviríamos em um copo um drink com o nome "Gastronomia Líquida".

Portanto, ao profissional de bar é fundamental absorver, dominar e respeitar ambos os conhecimentos, além de realizar uma junção da arte e da ciência. Para leigos ou pessoas que não se interessam pela coquetelaria, reproduzir um coquetel é somente misturar ingredientes, mas para um bom profissional do bar, o copo deve contar uma história, ora de simplicidade e tradição familiar, como ao misturar um limoncello de produção artesanal com gelo e água gaseificada, ora realizando um hard shake com gelo alcalino, especiarias e água nitrogenada, dando origem a uma releitura do Highball Sicilian.

Escolas clássicas da coquetelaria

Por falar em releitura, uma palavra que é moda nos balcões, o que será que ela significa? Releitura é uma opinião, um ponto de vista, uma visão pessoal de uma coisa já construída ou consolidada, ou seja, para reler é preciso se basear em uma obra já existente, algo conhecido pela maioria das pessoas, caso contrário, não estamos falando de uma releitura e sim de uma criação. Na coquetelaria não é diferente: muitas produções e matérias-primas são tradicionais e existem há muito tempo, sendo comum encontrar no rótulo de algumas bebidas as denominações ou as datas de sua fundação, que muitas vezes remontam a séculos passados. Isso não se aplica apenas a matérias-primas como destilados, licores e fortificados, como os tão famosos vermouths. Alguns coquetéis também são conhecidos há muito tempo. O Negroni, por exemplo, não é o único, mas é um dos mais antigos e citados coquetéis de todos os tempos, contando com uma legião de adoradores e apreciadores em todo o mundo, bem como releituras, adaptações e subprodutos que vão de preparações gastronômicas a relógios de pulso lançados por marcas famosas para comemorar o centenário da bebida.

O mundo é muito grande e a gastronomia líquida é maior ainda: enquanto na Itália, por exemplo, na hora do aperitivo (equivalente ao nosso happy hour), as pessoas estão misturando vermouths de Milão a bitters de Turin, criando o Milano-Torino (que, a propósito, é pai do Americano e avô do Negroni), nos Estados Unidos, as coqueteleiras estão misturando suco de tomate temperado a algum destilado, produzindo talvez um Bloody Mary às sombras da Lei Seca americana, durante a qual a fabricação, o transporte e a venda de bebidas alcoólicas foram banidos nacionalmente.

São essas pluralidades culturais e a oferta de matérias-primas tão diversificadas pelas culturas e épocas que fazem nascer uma divisão nas técnicas e nas ofertas da coquetelaria ao redor do mundo. Nascem, então, as tendências e os estilos pertinentes a cada grupo cultural, que hoje chamamos de escolas clássicas da coquetelaria. Não entenda, neste caso, escola como uma instituição de ensino-aprendizagem, e sim como uma divisão segmentada de técnicas, ingredientes, cultura e hábitos de consumo pertencentes a um determinado povo ou local.

Esses hábitos de consumo podem ser influenciados por diversos fatores, até mesmo pelo clima. Dessa forma, enquanto a coquetelaria europeia clássica prefere

Introdução à coquetelaria

drinks curtos e de alto teor alcoólico, conhecidos como short drinks, a coquetelaria latina dá preferência a coquetéis longos servidos com bastante gelo, sucos naturais e pouco álcool, conhecidos como long drinks refrescantes. Embora existam várias escolas e divisões, a maioria dos especialistas aponta como principais as três que descreveremos a seguir.

Escola europeia contemporânea

Centrada na Inglaterra pela proximidade e pelo histórico de comércio com as Índias e com os povos colonizados, possui uma vasta gama de produtos à base de especiarias. Utiliza-se também da tradição italiana de produção de licores, vinhos fortificados, vermouths, amaros e bitters leves, bem como se beneficia da grande tradição e das técnicas da gastronomia francesa e sua dualidade com a antiga mão de obra que influenciou o segmento por meio dos profissionais de bar expatriados pela Lei Seca americana.

Assim, apesar da relevância das matérias-primas e técnicas de nações como França, Itália, Alemanha, Espanha, Portugal e demais países do velho mundo, como classifica o universo viticultor, é com certeza da Inglaterra que vem a maior parte das receitas de coquetéis clássicos contemporâneos que reproduzimos hoje em dia, utilizando principalmente bases que não passam pela madeira, como vodka, gin e outros destilados brancos.

A escola europeia oferece, na maioria das vezes, coquetéis elegantes, curtos, com poucos e selecionados ingredientes, sendo conhecida também por adotar com bastante frequência o processo de dupla coagem antes do serviço.

Escola americana

Certamente, é uma das mais importantes do segmento. Podemos dizer que foi a escola americana contemporânea que mais difundiu a coquetelaria pelo mundo e fez com que fosse conhecida e valorizada.

Utiliza principalmente as bases da coquetelaria clássica inglesa, mas valoriza bastante o suco de frutas cítricas, como limão; emprega o açúcar de maneira bastante democrática revelando ao mundo os xaropes e sours; faz muito uso de técnicas e equipamentos de gastronomia para a produção dos drinks; valoriza o emprego de destilados que são armazenados ou envelhecidos em madeira.

A coquetelaria americana permeia entre coquetéis longos e curtos sem se intimidar: ao mesmo tempo que traduz um Negroni para o estilo do Kentucky substituindo o gin pelo bourbon, criando um Boulevardier, é capaz de misturar gin, rum, vodka, tequila e licor de laranja com refrigerante de cola e reproduzir o Long Island Ice Tea, um dos coquetéis ícones do estilo refrescante long drink.

Escola latina

Embora muitas literaturas classifiquem a coquetelaria latina como a mais jovem de todas, dizendo inclusive que ela não existia antes da grande procura dos americanos pelo turismo a Cuba, na verdade essa coquetelaria possui bastante história e tradição.

Em países como México, Peru, Chile, Brasil, Argentina e todos os outros de língua latina, encontramos uma tradição muito forte de valorização dos insumos locais. Pode-se dizer também que a coquetelaria latina é

Introdução à coquetelaria

bastante criativa ao empregar diversas técnicas para a adaptação de utensílios e equipamentos e realizar a utilização assertiva de novos ingredientes, introduzidos em sua cultura pela colonização ou pela abertura das fronteiras.

IBA e ABB:
padronizando a coquetelaria

Como você já deve ter percebido, falamos várias vezes em coquetéis clássicos, mas afinal, o que define um clássico?

Com tanta cultura e diversidade nesse mundo de misturas, em determinado momento, os profissionais de bar encontraram dificuldades em acompanhar as mudanças e variações no preparo das receitas solicitadas pelos clientes e foi justamente por conta dessas dificuldades que Dinamarca, França, Itália, Suíça, Suécia, Reino Unido e Holanda juntaram-se, no início da década de 1950, para fundar a **IBA – International Bartenders Association** – uma associação que ajudaria os profissionais a definirem uma carta de coquetéis padronizada, com uma listagem de ingredientes que pudessem ser encontrados com facilidade e, além disso, estabeleceriam as técnicas de preparo e os tipos de copo que mais valorizariam esses coquetéis. Assim, pouco tempo após sua criação, a IBA definiu a carta de clássicos, que são solicitados até hoje nos balcões dos mais diversos bares ao redor do globo.

Atualmente, a associação funciona como intercâmbio cultural e intergeracional entre os profissionais dos bares de todo o mundo, elevando o padrão da coquetelaria e estreitando a distância entre as nações, conectando, educando e inspirando profissionais por onde se instala.

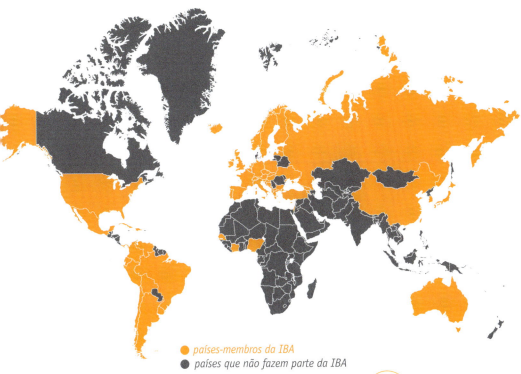

● *países-membros da IBA*
● *países que não fazem parte da IBA*

Figura 1.1 – Atuação da IBA no mundo.
Fonte: adaptado de IBA (2021).

Até o momento, a IBA conta com a adesão de 67 países, sendo oito desses observadores não associados, segundo o site da própria associação.

Em 1970, com o auxílio de grupos como Casa Martini e outras fortes marca de bebidas, nasceu a Associação Brasileira de Barman, que mais tarde passou a se chamar **Associação Brasileira de Bartenders (ABB)**. Em 1972, a ABB passou a integrar o grupo oficial da IBA, mostrando ao mundo que o Brasil estava no mapa da coquetelaria internacional. Embora seja um assunto que trataremos mais adiante, vale ressaltar que, atualmente, o Brasil conta com dois coquetéis que integram a carta da IBA – a Capirinha e o Rabo de Galo – cuja entrada é mérito do nosso mais importante barman clássico, Derivan Ferreira de Souza, ou mestre Derivan.

Os números da IBA

São **67 países**, com mais de **50.000 membros**. A IBA é uma sociedade mundial sem fins lucrativos, cujos membros são associações nacionais de bartenders registrados.

Figura 1.2 – Linha do tempo da IBA e ABB.
Fonte: adaptado de IBA (2021); Assumpção (2023).

Coquetelaria freestyle e autoral

Coquetéis clássicos não são eleitos diretamente por voto popular, tampouco por serem mais ou menos vendidos nos balcões mundo afora, mas sim por fazerem parte de uma carta padronizada em técnicas de preparo, copos, conceitos e critérios, somados ao uso de ingredientes facilmente encontrados ao redor do mundo.

Mesmo que um coquetel tenha uma história interessante, que envolva personagens famosos – como os casos do Dry Martini e da Margarita –, não é isso que garante o seu ingresso na carta de clássicos. A partir dessa informação, faremos uma divisão fundamental na coquetelaria: se chamamos de clássicos os coquetéis adotados pela carta da IBA, precisamos adotar nomenclaturas para categorizar os que não são.

Isso permite que novos nomes, sabores, homenagens e histórias apareçam, gerando infinitas possibilidades para a coquetelaria, e mesmo que essas produções não consigam alcançar um dia o status de clássico, certamente serão esses coquetéis, ora conhecidos regionalmente, ora completamente anônimos, que farão verdadeiro sucesso nos bares e entre os bartenders.

A partir de agora, chamaremos de "autorais" todos os coquetéis que não fazem parte da carta da IBA mas seguem características das escolas clássicas, além das técnicas de categorias, finalidades e modalidades (que veremos logo mais). Deixaremos a nomenclatura "freestyle" para os coquetéis que não necessariamente seguem essas regras, podendo lançar mão de várias delas ao mesmo tempo ou criar novas.

Perceba, no entanto, que renunciar às regras e classificações significa que você as conhece e domina, caso contrário, não estará trabalhando com coquetelaria de estilo livre e sim misturando ingredientes à própria sorte, o que não é considerado coquetelaria.

Barman ou bartender?

Agora chegou o momento de esclarecer outra confusão frequente do mundo do bar: o termo correto é barman ou bartender?

Até o início dos anos 1990, no Brasil, não se ouvia com frequência a palavra bartender. Principalmente por inflexões das línguas latinas, a profissão das pessoas que trabalhavam em bares comandando as coqueteleiras e misturas era denominada barman (homem do bar) e barwoman (mulher do bar) – caso das poucas mulheres que trabalhavam ocupando esse espaço até então, cenário felizmente muito diferente nos dias de hoje.

Foi somente com a chegada de algumas marcas de bebidas e franquias norte-americanas que passamos a adotar a palavra bartender, que além de ser conhecida internacionalmente, é também mais inclusiva por apresentar neutralidade de gênero. Essas mesmas franquias trouxeram ao Brasil o entretenimento de balcão por meio de brincadeiras, cardápios cantados, mágicas, e o flair – os famosos malabares com garrafas e utensílios dispostos no speed rail (estação de trabalho que guarda as garrafas e os utensílios mais utilizados.)

Esse contato logo se popularizou e fez gerar outra confusão com as formas de tratamento: algumas fontes passaram a associar erroneamente o termo barman a profissionais que trabalhavam com a coquetelaria clássica em bares tradicionais e bares de hotéis, enquanto bartender se referia às pessoas que trabalhavam freestyle (ou estilo livre, uma forma mais descontraída de atuar), principalmente em night bars ou baladas, realizando brincadeiras e malabares durante a preparação de bebidas. Em alguns países da América do Sul, como Brasil, Argentina, Chile e Uruguai, os profissionais de bar costumavam ser chamados de barman independentemente do sexo, o que ocorre ainda hoje em muitos lugares, mas não existe nenhuma diferença no campo de atuação.

Saideira

Veja como é fácil se perder nesse mundo de informações e conceitos. Se mesmo para quem trabalha atrás dos balcões esses conhecimentos são pouco ou nada divulgados, tente fazer o exercício de pensar como os clientes atuais, que são inundados de informações deturpadas e sem nenhum fundamento. A verdade, meu caro bartender, é que a demanda chega aos balcões com uma expectativa já criada, por isso, frases como essas são ouvidas nos balcões dos mais diversos bares todos os dias:

Eu queria uma releitura de tal drink...

Nossa, no bar xyz, em uma viagem, o barman me fez um drink azul, você sabe fazer?

Ah, eu adoro Caipirinha, mas você pode coar, por favor?

Por favor, quero um Dry Martini com cereja!

Percebe-se que somente com um conhecimento profissional e cultural robusto podemos intervir nas situações, promovendo nossa profissão de maneira gentil e de modo a sermos vistos com toda a cultura e o conhecimento que a gastronomia líquida possui. Agora que já vimos como surgiu a coquetelaria, seus grupos e um pouco de suas nomenclaturas, que tal mergulharmos no universo das bebidas, suas matérias-primas e os principais usos no mundo das misturas?

Introdução à coquetelaria

2 Bebidas e outras matérias-primas dos coquetéis

A relação do homem com as bebidas alcoólicas é muito antiga, consumimos álcool desde tempos remotos, e parte desse hábito decorre do fato de a produção dessa substância química ser resultante de um processo natural, que pode ocorrer de maneira espontânea nas devidas condições. Assim, as lendas contadas sobre o surgimento do vinho, como a que diz que alguém esqueceu suco de uva em uma ânfora de barro e semanas depois encontrou ali uma bebida cheirosa que provocava alegria ao ser consumida podem ser verdadeiras, uma vez que o suco de uva integral possui elementos suficientes para se transformar em vinho. Você já parou para pensar em quais são os elementos e as condições necessárias para produção de álcool, ou ainda, o que é álcool? Vamos entender um pouco mais sobre esse produto. Em primeiro lugar, é importante compreender que existem três tipos de álcool:

GUIA

Você conhece os tipos de álcool, ou processos como fermentação e destilação? Ou, ainda, sabe o que é uma base, um saborizante ou um diluente? Este capítulo trata das bebidas e matérias-primas que o bartender usa em seu trabalho e é o início da nossa jornada de construção do conhecimento em coquetelaria.

Isopropílico
Produzido a partir do gás propileno, também chamado de propanol, este álcool não deve ser ingerido, pois leva à intoxicação grave. Para que não seja utilizado clandestinamente por falsificadores de bebidas, as indústrias produtoras desse tipo de álcool costumam adicionar substâncias extremamente amargas em sua composição. Suas principais aplicações ocorrem no âmbito hospitalar, onde é utilizado como antisséptico e esterilizante, mas é largamente usado também por empresas químicas na produção de desinfetantes domésticos.

Metílico ou metanol
É utilizado na produção de acetona e outros solventes industriais, além de ser utilizado na indústria automobilística como anticongelante. Extremamente tóxico, pode causar irritação ou alergias graves na pele e nas mucosas. Se ingerido acidentalmente, pode causar cegueira permanente, intoxicação grave ou levar a óbito.

Técnicas básicas de coquetelaria

ATENÇÃO, BARTENDER!

Você sabia que o álcool para abastecimento de veículos automotores é feito da mesma forma que algumas bebidas? O etanol de posto é um produto composto à base de álcool etílico concentrado. Esse produto não possui normas ou indicação para a ingesta humana, podendo levar o indivíduo a intoxicações graves, coma ou até mesmo óbito.

Etílico

Produzido de maneira natural por meio da fermentação, pode ser concentrado ou isolado na destilação. É o álcool que podemos ingerir com moderação, utilizado principalmente para recreação adulta. Pode ser produzido a partir de cereais, frutas e tubérculos, entre outros.

Como você percebeu, é extremamente importante salientar que todas as vezes que mencionamos álcool para consumo humano, estamos nos referindo ao álcool etílico potável destinado à ingesta, cuja regulamentação é feita por órgãos governamentais específicos em todo o mundo. No Brasil, o conjunto de fiscalização da produção, classificação, inspeção, importação e comercialização é de responsabilidade do SUS (Sistema Único de Saúde), que faz o controle por meio de outros órgãos, como o Mapa (Ministério da Agricultura, Pecuária e Abastecimento) e a Anvisa (Agência Nacional de Vigilância Sanitária). Por isso, quando falamos em serviço de bebidas, é fundamental que você, profissional de bar, compreenda a importância do controle e da procedência desse produto, saiba identificar seus registros e conheça seus modos de produção. Que tal conhecer um pouco mais sobre este último item?

Fermentados e destilados: processos de produção

Embora exista apenas uma maneira de produzir álcool etílico potável – por meio da fermentação –, dividimos as bebidas alcoólicas em dois grupos: fermentados e destilados[1]. Assim, é a partir dessas duas classes que todas as bebidas que conhecemos são produzidas, mas, afinal, em que consistem esses processos?

---

[1] *Destilação é um processo aplicado a bebidas já fermentadas.*

Grosso modo, **fermentação alcoólica** é o processo pelo qual leveduras (bactérias específicas) transformam açúcar em álcool etílico. É simples: imagine um cacho de uvas maduras. Ao amassá-las, você vai obter uma mistura de suco de uva, polpa, sementes e casca, que chamamos de mosto. Se colocarmos esse mosto em um recipiente fechado, após algum tempo ocorrerá um processo químico em que as bactérias presentes e originárias do próprio mosto de uvas (*Saccharomyces cerevisiae*) vão aos poucos consumir os açúcares da fruta e transformá-los em álcool, e assim nascerá o vinho. Fácil, não é mesmo? Fazer vinho é simples, pois trata-se de um processo natural, mas produzir um vinho de boa qualidade organoléptica é difícil, pois depende de condições, matérias-primas e técnicas supercontroladas e específicas.

De maneira geral, é assim que a fermentação ocorre, sendo possível utilizar vários tipos de matéria-prima, como, por exemplo, a cevada, que dá origem à cerveja; o arroz, com o qual se faz o saquê; a mandioca, que produz cauim (bebida dos povos originários brasileiros); ou a maçã, que é a base da sidra, além de outras variedades de frutas.

CURIOSIDADE

No processo de fermentação alcoólica são gerados outros produtos, como, por exemplo, o gás carbônico. Em algumas bebidas, esse gás é aproveitado gerando carbonatação. É o caso do vinho espumante e da cerveja.
Em outros casos, esse gás é descartado, como no saquê e no pulque.

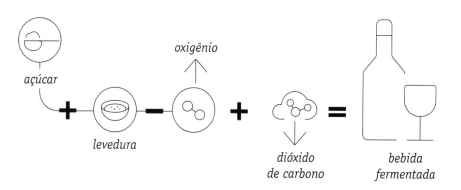

Figura 2.1 – Processo de fermentação

Técnicas básicas de coquetelaria

Já a **destilação** é um processo físico que consiste na separação de substâncias homogêneas. Parece difícil, mas não é. Voltando ao exemplo das uvas, vimos que a fermentação gerou um vinho, mas junto com o vinho, ainda existe uma grande porção de água, suco da uva e outras substâncias, portanto, não temos apenas álcool. Isso pode ser notado quando vemos o teor alcoólico de um vinho, que geralmente fica em 13%. Agora, imagine a seguinte situação: se aquecermos esse vinho em uma chama lenta, esse aquecimento irá gerar um processo que chamamos de evaporação (quando uma substância líquida se transforma em vapor). É assim que obtemos um destilado.

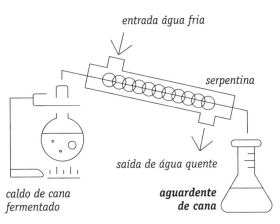

Figura 2.2 – Processo de destilação

Por ser mais volátil, o álcool evapora primeiro, então, quando captamos esse vapor em um ambiente controlado, podemos separar o álcool do restante das substâncias por meio do tempo de evaporação. Assim, quando condensamos esse vapor (processo que transforma o vapor em líquido por esfriamento), conseguimos separar e concentrar o álcool. Esse processo é a destilação. No caso do vinho, quando aplicamos esse processo, temos como resultado um destilado vínico, ou seja, um álcool concentrado que veio da fermentação do vinho. Tal destilado dá origem a uma série de produtos, como, por exemplo: conhaque, brandy, grappa, bagaceira, pisco, entre outros.

Os processos de produção das bebidas alcoólicas podem ser resumidos da seguinte forma: só existe uma maneira de se produzir álcool, que é por meio da fermentação. Podemos fermentar frutas, raízes, cereais e diversas outras matérias-primas, e cada uma vai gerar um produto com diferentes características de cor, sabor e aroma.

Os fermentados podem ser consumidos da forma como são obtidos, como é o caso de vinhos, cervejas, saquês e outros; mas também podemos destilá-los, obtendo uma concentração maior de álcool, como é o caso, da grappa, da vodka e do soju, entre outros. Não para por aí: a criatividade e a cultura das bebidas aplicadas a esses grupos é enorme; desde o momento em que conhecemos e dominamos os processos de produção do álcool, passamos a misturar outros ingredientes a essas bebidas, seja para fins medicinais ou simplesmente para melhorar seu sabor.

Essas misturas passaram a fazer parte do nosso dia a dia, e na coquetelaria, assumiram o papel de protagonistas, que conhecemos hoje como spirits, licores, bitters, vermouths, compostos e diversas outras classificações que bartenders do mundo inteiro utilizam para dar à luz suas produções. A variedade de bebidas e suas histórias é tão grande que seria impossível visitar cada uma delas nesta obra; entretanto, vamos dar um pequeno mergulho nas características de algumas das principais, a fim de esclarecer suas características e seus principais usos na coquetelaria.

Principais bebidas base da coquetelaria clássica e suas características

Como vimos na seção anterior, podemos separar as bebidas em dois grandes grupos – os fermentados e os des-

Técnicas básicas de coquetelaria

tilados – mas depois podemos subdividir esses grupos. Como nosso interesse aqui é conhecer as características das bebidas, a fim de facilitar nossa organização para a coquetelaria, bem como fazer uma imersão em um mundo de novas palavras, conceitos e culturas, nada melhor do que fazer uma subdivisão das bebidas pelas suas matérias-primas e seus principais usos. Mesmo que essa organização pareça aleatória, para você, bartender ou entusiasta que estuda o conceito das misturas, esse modo acaba sendo muito mais dinâmico e disruptivo, ainda mais agora que você compreende as diferenças entre destilados e fermentados. Assim, que tal começarmos com a matéria-prima que dá origem à nossa principal bebida?

Cana-de-açúcar

O consumo de fermentados de cana-de-açúcar – vinhoto ou canavino, como são conhecidos – não é comum, pois suas características sensoriais não são muito agradáveis, entretanto, algumas empresas especializadas na produção de bebidas finas vêm desenvolvendo produtos bastante interessantes com essa matéria-prima. É provável que dentro de algum tempo passaremos a contar com esses produtos, mas, atualmente, os principais usos da cana-de-açúcar estão na produção de alguns destilados. Os mais utilizados na coquetelaria são:

Cachaça
Destilado do mosto fermentado de cana de açúcar, é uma bebida típica brasileira, protegida por lei como patrimônio histórico e cultural do país (hoje, existem diversas leis que regulamentam suas qualidades e variedades). Possui, ainda, classificações exclusivas para indicações de procedência, armazenamento e envelhecimento (que podem ser realizados em uma grande variedade de madeiras, como amburana, canela-sassafrás, pau-brasil e dezenas de outras nativas, ou ainda, espécies exóticas como a jaqueira e o próprio carvalho).

É, sem dúvidas, uma das bebidas mais importantes na história da humanidade, sendo o primeiro destilado das Américas. Anterior ao pisco, ao bourbon e à tequila, a cachaça ocupa atualmente um lugar de destaque entre os cinco destilados mais consumidos no mundo, segundo a Embrapa (Empresa Brasileira de Pesquisa Agropecuária). Suas características para a coquetelaria são únicas; com potencial alcoólico a partir de 38° GL, possui um residual de aromas e fenóis fantásticos.

Na coquetelaria clássica, é a bebida base da internacionalmente conhecida Caipirinha, coquetel que abordaremos mais adiante, mas que, por ora, precisamos destacar que só existe com cachaça, não podendo levar esse nome com qualquer outra bebida ou ingrediente que não esteja protegido pela sua própria lei. A cachaça pode apresentar uma característica muito boa na produção de coquetéis autorais. Quando branca (cana pura), harmoniza melhor com frutas verdes e amarelas, e quando em madeira, harmoniza muito bem com frutas vermelhas e roxas.

Rum

Destilado do melaço de cana e, em alguns casos, do próprio caldo da planta, é uma das bebidas mais utilizadas na coquetelaria, promovendo um sabor que vai do delicado ao extremo, a depender das características da marca ou do estilo. É a base para coquetéis clássicos como o Daiquiri, Mojito, Pina Colada, entre outros. Embora tenha uma relação muito profunda com o Caribe, é produzido em muitos países, o que explica a variedade de características da bebida.

Cereais

A cerveja é a mais conhecida, no entanto, pode ser a menos utilizada na coquetelaria. Antes de falar dos destilados de cereais, que tal conhecer um pouco desta bebida e seus potenciais usos na coquetelaria?

Cerveja

Sempre levou o título de bebida alcoólica mais consumida no mundo. A cultura da cerveja é tão ampla que cada país possui suas próprias leis de produção. Se na Alemanha, por exemplo, a lei diz que cerveja é somente a bebida produzida a partir de quatro ingredientes (água, malte de cereais, lúpulo e levedura), na Bélgica, ao contrário, a cerveja pode ser feita a partir desses ingredientes somados a qualquer outro, como frutas, flores e cereais que não passam pelo processo de malteação.

Essas diferenças culturais em torno da bebida geram as chamadas escolas cervejeiras. Cada uma dessas escolas produz diferentes estilos da bebida, e cada estilo conta com características, cores, sabores e aromas próprios. Por ser uma bebida fermentada e pronta para o consumo, poucas pessoas utilizam a cerveja como ingrediente na coquetelaria, o que vamos discutir um pouco mais no capítulo 9, quando falaremos sobre aquilo que chamo de escola brasileira de coquetelaria.

A partir da página 225 estão os coquetéis mais representativos da escola brasileira de coquetelaria.

Por ora, vamos somente realçar que uma bebida com tantos estilos e sabores pode oferecer muito para o universo das misturas, o que, atualmente, não vem sendo feito. Na coquetelaria, seu uso está atrelado a dois coquetéis populares que são importantíssimos na cultura e tradição mexicanas, o Submarino e a Michelada que, por não serem padronizados internacionalmente, sofrem dezenas de variações.

Destilados de cereais

Whisky

Uísque, em português, whisky em países como Escócia, Japão, Inglaterra, Nova Zelândia e Índia, whiskey na Irlanda ou em alguns lugares dos Estados Unidos. Se você acha que as grafias são muitas, nem imagina a quantidade de variações desta bebida. Scotch whisky, irish whisky, corn whisky, whiskey de centeio e bourbon são apenas algumas das variações dessa centenária bebida. Raramente comercializada com o envelhecimento inferior a oito anos e podendo chegar a décadas nesse processo, é uma bebida muito apreciada na forma pura ou utilizada como base na produção de coquetéis clássicos, apesar do discurso de puristas que afirmam que whisky não é para ser misturado nem mesmo com gelo. A verdade é que coquetéis como NY Sour, Irish Coffee e Boulevardier são vendidos aos milhares todos os dias para contrariar essa opinião. Um bom coquetel tem sempre bons insumos em sua produção.

Vodka

Um destilado que desde muito tempo é motivo de discussões, começando por sua origem, disputada por russos, poloneses e outros povos de países eslavos, passando por sua matéria-prima, que pode ser uva, cana-de-açúcar, beterraba, batata, além de cereais, que compõem a maioria das marcas no Brasil. A bebida conta com muitos fãs, alguns deles puristas que defendem a neutralidade da bebida, mas na verdade, nem toda vodka é neutra; algumas são aromatizadas e até envelhecidas em madeira.

A vodka neutra, embora seja a mais comercializada no mundo, é apenas uma das centenas de variedades da bebida, utilizada na coquetelaria principalmente para dar potencial etílico aos preparos, interferindo pouco em outros ingredientes. Por esse motivo, ocupa o cargo de bebida base de alguns dos coquetéis mais vendidos nos balcões do mundo, como Sex on the Beach, Cosmopolitan, Bloody Mary, Screwdriver e Black Russian, entre outros.

Gin

Produzido quase sempre à base de cereais e zimbro – conhecido como uma baga, mas que na verdade é um pseudofruto muito aromático, que junto a outros botânicos, como cascas e raízes, promovem as característi-

Técnicas básicas de coquetelaria

CURIOSIDADE

Outro fator que fez a Gin Tônica ganhar projeção de venda no Brasil foram algumas informações que podem ser bastante equivocadas. Uma delas é a apresentação da bebida como sendo de baixa caloria, o que não é verdade, pois o gin é um destilado e, como tal, possui um valor calórico semelhante ao de outros destilados, 100 a 200 kcal por dose de 50 mL, a depender da marca. Isso, somado a 200 mL de refrigerante de tônica, que oferece aproximadamente 150 kcal e ainda mais 150 kcal vindo dos 30 mL de xaropes de frutas que são adicionados no caso de algumas receitas vendidas como Gin Tônica Tropical, faz com que a bebida obtenha valores calóricos iguais aos de vários outros drinks.

cas únicas deste potente destilado. Atualmente muito popular no Brasil, apesar de ser base dos dois coquetéis clássicos mais famosos de todos os tempos – Dry Martini e Negroni –, foi com a simplicidade do Gin Tônica que ganhou notoriedade. Isso é facilmente compreensível, pois ações comerciais de marcas famosas que investem milhões em países em desenvolvimento, somados à facilidade de produção do coquetel, que se encaixa na categoria highball (termo que classifica um coquetel de baixa complexidade de preparo, feito a partir de um destilado base somado a uma bebida carbonatada, geralmente um refrigerante como a tônica), fizeram com que esse coquetel invadissem os bares comerciais e reuniões de amigos.

Steinhäger

Uma bebida semelhante ao gin em relação às matérias-primas, mas de procedência alemã. O histórico de consumo nos anos 1980 e 1990 no Brasil merece menção honrosa. A bebida pode apresentar maior sutileza e untuosidade do que seu irmão gin. Quando gelado, na Alemanha, pode ser encontrado com o nome de wacholder, uma bebida que harmoniza muito bem com frutas amarelas, portanto, smashes e sticks com abacaxi e maracujá podem fazer muito sucesso entre apreciadores de cítricos ou sours. Vale ressaltar que em bares de estilo alemão é servido a temperaturas extremamente baixas (próximo ao congelamento), puro ou com um zest de limão.

Shochu

Destilado mais consumido no Japão, shochu pode ser um nome genérico para os destilados de arroz, milho, soja e outros cereais. Vem sendo muito utilizado por bartenders que comandam as coqueteleiras nos izakayas, bares de estilo japonês bastante em alta no Brasil. O shochu, apesar de destilado, possui uma sensação alcoólica baixa e agradável, o que favorece a produção de coquetéis para harmonização na gastronomia nipônica.

Soju
Está para a Coreia como o shochu está para o Japão. Feito a partir de cereais, é um pouco mais presente que seu parente japonês, com um pouco mais de álcool, a depender da marca, e comumente tem adição de sabores e aromas. Na coquetelaria podemos utilizar a bebida natural para valorizá-la como base.

Fermentados e destilados de frutas

A maioria das frutas possui os pré-requisitos para a fermentação alcoólica e, depois, esse fermentado pode ser destilado para concentração de álcool potável, portanto, é comum a praticamente todas as culturas produzir bebidas a partir das matérias-primas que têm em maior abundância. Por exemplo, as sidras fermentadas da maçã geram destilados fantásticos, e o mais famoso é, sem dúvida, o Calvados. Outro exemplo francês é o poire, destilado do mosto fermentado de pera Williams, mas no mundo todo, ameixas e dezenas de outras frutas geram aguardentes dos mais variados tipos, que podem servir de base para a coquetelaria.

Uvas
Embora seja uma fruta, o uso da uva é tão característico e importante que precisa ser abordado à parte do destilado de frutas. Assim como os cereais, a maior representatividade das bebidas alcoólicas que utilizam uvas em sua produção vem do fermentado. Estamos falando do vinho, bebida milenar que ocupa um lugar de destaque na alimentação humana, mas que sofre com severas retaliações quando empregado na coquetelaria. Apesar disso, quando vence esses preconceitos, se mostra incrivelmente versátil e sofisticado. Um exemplo claro é o Kir, que pode ser Royal, com champagne, ou com uma simples taça de Aligotè, o Franch 75 ou ainda o Porto Flip.

CURIOSIDADE

Em relação à grafia, tanto sidra quanto cidra estão corretas, mas a palavra que simboliza a bebida – que data de 600 a.C. e tem suas origens atribuídas aos celtas ou aos gregos, produzida pela fermentação do sumo da maçã – se escreve sidra, pois cidra caracteriza um fruto da espécie dos citrinos. Apesar de ser muito antiga, ter um paladar leve, refrescante e ser muito aromática, a sidra é pouco utilizada na coquetelaria. Fez bastante sucesso nos anos 1980 no Brasil, onde servia de complemento para ponches e coquetéis coletivos servidos em festas e bailes. Existem diversos tipos de sidras, que vão das maturadas às brut, entretanto, pela pré-disposição popular dos brasileiros por bebidas adocicadas, as que mais encontramos são as doces.

Técnicas básicas de coquetelaria

O que raramente passa pela percepção dos consumidores e até mesmo de bartenders menos experientes é que alguns coquetéis como Dry Martini, Negroni e Manhattan levam vinho em suas preparações. Isso mesmo!

O vermouth, embora seja uma bebida composta ou fortificada, não deixa de ser um vinho. Um bartender profissional deve ter um olhar mais atento a todos os ingredientes e fugir das opiniões equivocadas que dizem que para coquetel, qualquer vinho serve. A verdade é o contrário, e você pode provar isso apresentando a essas pessoas um New York Sour coroado com uma generosa dose de Malbec do novo mundo. Garanto que elas vão mudar de opinião.

Brandy

O mais famoso de todos os destilados vínicos, tem sua maior representação no conhaque. Sim, todo conhaque é um brandy, mas nem todo brandy é um conhaque; isso porque a bebida possui uma indicação geográfica e só pode receber esse nome se for produzido com especificações próprias na região de Cognac, na França. De sabor e aroma complexos, os brandies oferecem uma ótima base para a coquetelaria e, nos clássicos, são representados por Sazeracs, Crustas e Side Cars.

Pisco

Um destilado vínico que é comumente representado por um coquetel. A técnica de preparo com limão, açúcar e clara de ovo é tão representativa para o destilado que se uma pessoa diz "pisco", logo alguém completa com "sour", como se fosse seu sobrenome. Embora o coquetel seja patrimônio cultural do Peru, o destilado pisco à base de uvas moscatel está numa disputa de nacionalidade entre Peru, Chile e Venezuela. Quem ganha com isso são os bartenders, que podem contar com características diferentes oriundas dos três países.

Grappa

Apesar de oferecer características ótimas para a coquetelaria, esse destilado é pouco utilizado nos bares do Brasil. Potente e aromática, a grappa pode surpreender quando empregada em bases para highballs e outros long drinks refrescantes.

Bagaceira

É outro destilado que oferece condições para releituras e criações de novos coquetéis. Mais agressiva que seus congêneres, a bagaceira está para Portugal como a grappa está para a Itália. Oferece um excelente resultado quando utilizada em coquetéis refrescantes de dupla coagem, como os tiki, por exemplo.

Arak

Destilado do mosto fermentado de uvas, a bebida de origem libanesa/armênia é também produzida em outros países do mediterrâneo oriental. Leva grande concentração de anis, sendo comumente utilizado como complemento e não como base de coquetelaria, principalmente pela predominância do anis.

Outros destilados

Tequila

Destilado do mosto fermentado de agave azul do tipo maguey, produzido no México, nas regiões de Jalisco, Guanajuato, Tamaulipas, Michoacán e Nayarit. É assim que definimos a tequila, portanto, para bebidas de qualquer outra forma ou local não se dá o nome de tequila. Muito popular nos bares de todo o mundo por ser a base da Margarita e do Tequila Sunrise. Um bar sem esse destilado parece estar desfalcado.

Mescal

Da mesma forma que a tequila, o mescal é destilado de agave de "qualquer tipo". São produções mais rudimentares, mas nem por isso são ruins: são destilados fantásticos para serem utilizados como base de coquetelaria. Não é incomum achar variedades com escorpiões

CURIOSIDADE

Embora o Arak seja transparente na embalagem, quando misturado a gelo ou água fica branco e com aspecto leitoso. Isso ocorre por conta do anetol (óleo presente no anis), uma substância que dissolve em álcool, mas não na água.

Técnicas básicas de coquetelaria

e el guzanos (larvas comumente encontradas no próprio agave), entretanto, esses itens merecem bastante atenção por parte dos bartenders. A Anvisa não aprova o uso desses destilados no Brasil. Quando encontramos essas garrafas à venda, estamos lidando com produtos que entraram no país de maneira ilegal.

Tiquira

Pouco conhecido, esse fantástico destilado é feito a partir do cauim, bebida típica dos povos originários brasileiros. Com a colonização portuguesa e a chegada dos primeiros alambiques, é provável que destilar o mosto fermentado da mandioca seja tão antigo quanto a técnica de fazê-lo com a cana-de-açúcar. Apesar de a cachaça ser a bebida típica brasileira, se levarmos em conta a matéria-prima originária, a tiquira é que receberia esse título. Potente e com paladar ácido e levemente adocicado, pode, por vezes, apresentar um leve umami. A tiquira é muito conhecida no Maranhão, onde por vezes é destilada com folhas de mexerica, ganhando uma coloração azulada.

Além da base

A intenção deste livro não é esgotar o assunto sobre as bebidas alcóolicas e suas histórias, visto que isso seria impossível. Como costumo dizer, para conhecer tudo sobre as bebidas e suas culturas, uma vida não basta. É possível, porém, ter uma visão mais minimalista abrangendo as bebidas que compõem a base da coquetelaria.Você deve ter notado também que o termo "base" vem se repetindo ao longo deste estudo destinado às bebidas. Como o escopo deste livro é trazer conhecimento sobre a coquetelaria, chegou a hora de compreender por que algumas bebidas são chamadas de base.

Um coquetel possui finalidade, modalidade e categoria, divisões que veremos no próximo capítulo. Por ora, precisamos compreender a divisão de suas matérias-primas, de modo a organizar o papel de cada ingrediente dentro da preparação.

A primeira divisão desses elementos são as bases, que podemos definir como as bebidas que oferecem um alicerce para o coquetel. A bebida base é responsável pelas características principais da preparação e mesmo que seu gosto não seja o mais notório quando bebemos um coquetel, é a base que deve sustentar o corpo e o restante dos elementos, seja por complemento ou outras características sensoriais. Por exemplo, quando usamos um bourbon (whiskey americano com notas doces e aroma inigualável), por mais que outros ingredientes sejam somados, no fim, seu aroma e dulçor característicos sempre estarão lá. No caso da vodka, acontece o contrário: como a maioria das marcas que utilizamos oferece a versão neutra do destilado, quando adicionamos outros ingredientes, seu sabor não é mais notado, no entanto, está presente o seu notório potencial alcoólico, que promove harmonia e suporte para o coquetel.

Agora você já compreende a importância da escolha da bebida base para a estrutura de um coquetel bem-feito. Seja de características marcantes por fatores palatáveis e aromáticos, como cachaça, whisky, brandy, gin e arak; seja de base neutra, como vodka e outros retificados, ou ainda, que ofereçam características sutis, como o rum branco e aguardentes bidestiladas, as bases são os spirits, que estão à frente da preparação. No caso de coquetéis que levam fermentados como ingredientes principais, você deve compreender que a base é esse ingrediente, pois é ele quem oferece o álcool, e o ingrediente com maior teor alcoólico geralmente é a base.

Uma dúvida corriqueira entre estudantes de coquetelaria surge quando o coquetel usa duas bebidas que são descritas como base, por exemplo, gin e rum. Neste caso, o coquetel é dotado de dupla base. O caso mais notório

Técnicas básicas de coquetelaria

dessas bases múltiplas é o clássico Long Island Ice Tea, composto, em algumas receitas mais antigas, por até quatro bebidas dessa classe.

Depois da base, quando separamos os elementos de um coquetel para entender o papel de cada um, encontramos ingredientes responsáveis por diferentes funções, como saborizar, diluir, complementar, aromatizar e guarnecer. Embora pareça difícil, garanto que após conhecer cada um, você vai perceber que toda vez que prepara uma bebida faz uso desses conceitos, e justamente por isso é fundamental para um bartender profissional conhecê-los a fundo.

Saborizantes ou agentes de sabor

Se pegarmos carona no nome, tudo que dá muito sabor é um saborizante, mas isso é uma forma superficial de se classificar. Podemos nos aprofundar classificando outras bebidas alcoólicas e, dessa forma, nada melhor do que explicar esses produtos e nos familiarizarmos com suas funções e usos para a coquetelaria.

Licores

Sem dúvida, um dos mais antigos modos de modificar e tornar o álcool mais agradável, podemos afirmar que desde que existe álcool existem licores, mesmo que de maneira rudimentar, misturando uma bebida com mel (não confunda com hidromel, aqui nos referimos a misturas básicas de qualquer bebida alcoólica fermentada ou destilada, que acrescida de mel, acaba por se transformar em licor). A licorização é a forma mais antiga de concentrar o sabor de frutas e de outros elementos em uma bebida alcoólica, feitos geralmente a partir de destilados, somados a açúcares de várias fontes além de frutas, raízes, ervas e especiarias. É realmente impossível mensurar o número de marcas e sabores de licores que compõem o mercado atualmente e, novamente, como nosso estudo é sobre coquetelaria, uma divisão possível e útil pode ser feita por níveis de açúcar e elementos de produção.

Licores de frutas

Feitos basicamente de álcool neutro, podem ter graduação alcoólica e níveis de dulçor variáveis. Sabores como morango, cranberry, ameixa e centenas de outras frutas compõem uma paleta infinita de sabores, cores e possibilidades.

Cítricos

Feitos principalmente a partir de laranjas e limões, estão presentes em muitos coquetéis clássicos. Representados principalmente por variedades de triple sec e limoncellos, vão de incolores e opacos até pigmentados de fortes tons azuis e vermelhos, cores que são muito bem-vindas para a coquetelaria.

Licor de flores

São delicados e extremamente sofisticados. Embora o mais conhecido seja o de violetas, o Brasil possui, no campo das bebidas artesanais, tradição centenária na produção dessas bebidas. Um exemplo é o licor de rosas produzido no convento Santa Clara do Desterro desde o século XVII, em Salvador (BA). O mais curioso é o fato de que esse produto é quase 200 anos mais velho do que as marcas italianas e francesas que dominam o mercado nacional atualmente, e mesmo assim, poucos profissionais de bar o conhecem.

Licores cremosos

Estão muito presentes na cultura brasileira, embora não sejam exclusividade. Podemos fazer uma relação desses licores com o uso de proteínas como leite: é o caso dos licores de doce de leite, creme e gianduia, por exemplo. Marcas internacionais como Baileys, Amarula, Sheridan's e Balena são ótimas matérias-primas para a produção de coquetéis nutritivos.

Técnicas básicas de coquetelaria

Licor de ervas

Feitos a partir de bagas, cascas, raízes, ervas e especiarias, esses licores são poderosos saborizantes, utilizados à exaustão na coquetelaria. Representados por marcas famosas, é raro encontrar um clássico que não se valha desses ícones. Marcas como 43, DOM Bénédictine, Chartreuse, entre outros, ofertam peso e respeito no mundo dos bares. Entretanto, chamamos a atenção para produções brasileiras populares, como Fogo Paulista, menta e outros, de ervas amazônicas ou do serrado. Licores de ervas não são necessariamente super doces; alguns, inclusive, podem demonstrar uma certa dualidade entre o doce e o amargo. Isso se explica pelo fato de algumas ervas serem muito amargas, o que exige maior adição de açúcar para tornar a bebida agradável, fazendo com que seja considerada licor.

Bitters

Se o licor saboriza com predominância de dulçor, o bitter oferece uma experiência gustativa oposta. Nessa classe de bebida, quem reina é o amargo. Bitters podem oferecer pouco ou muito álcool, a depender da marca e do estilo, mas sempre serão amargos. Produzidos a partir de ervas, cascas, raízes ou madeiras carbonizadas, algumas marcas ainda se valem de tabaco, especiarias e até couro para produzir seus sabores. Marcas como Campari, Underberg, Jagermeister e Angostura dominam o mercado dos clássicos, mas, no uso popular, bebidas como Paratudo e Cynar são muito expressivas e costumam oferecer ótimos resultados para a coquetelaria.

Vermouths

São caracterizados como vinhos compostos, ou seja, vinhos característicos (que podem ser brancos, tintos ou rosés) acrescidos de ervas, raízes, frutos, açúcares e especiarias, e que podem, ainda, ser fortificados por aguardentes vínicos ou retificados. Vermouths são frequentemente utilizados em coquetéis clássicos. Possuem aromas muito presentes e oferecem ótimos complementos de sabor aos coquetéis, principalmente aos aperitivos. Marcas como Martini, Cinzano, Lillet, Noelly Prat e Carpano dominam os bares clássicos, mas no popular brasileiro, vinhos compostos como Jurubeba e Catuaba, quando ofertados por bons produtores, costumam oferecer resultados incríveis para a coquetelaria.

Outros agentes de sabor
Além de centenas de outras bebidas infusas, mistas e compostas, dependendo do tipo de coquetel ou do resultado que se espera, podemos adotar saborizantes como segundo ingrediente principal de uma preparação, e não é obrigatório adotar somente um: existem receitas que levam três elementos que exercem a função de promover sabor ou que agem como coadjuvantes das misturas. Nessa função, podemos contar, em alguns casos, com elementos que não são bebidas, e sim, frutas; é o caso da Caipirinha, por exemplo, que tem como base a cachaça e como saborizante, o limão. Você já tinha parado para pensar dessa forma?

Diluentes

Praticamente todos os coquetéis utilizam pelo menos um tipo de diluente. O gelo, que para nosso ofício poderia ser chamado de diluente universal, pouco a pouco vem retomando seu verdadeiro valor e significado. Deixado de lado por um tempo, principalmente devido à moda de coquetéis de baixa complexidade incentivada por algumas marcas de bebidas e sua necessidade de vender, o gelo exerce o papel fundamental de suavizar os coquetéis, tanto pela diminuição da temperatura quanto pela própria diluição, que acrescenta água ao coquetel deixando-o mais delicado e fácil de beber.

Gelar a bebida no seu preparo exige gelo de qualidade, não só no sentido de potabilidade da água, como no formato do insumo, que pode interferir na qualidade sensorial e na apresentação do coquetel. Quando fazemos uma

Técnicas básicas de coquetelaria

observação mais atenta, percebemos que existem outros diluentes que são muito utilizados na coquetelaria. Essa observação deve ser atenta para não confundirmos o ingrediente, pois um diluente deve tornar o coquetel mais delicado ou sutil sem modificar significativamente seu sabor. Por exemplo, quando adicionamos soda limonada a um coquetel que utiliza suco de limão, não vamos modificar seu sabor, apenas dar uma extensão ao volume do drink, suavizando-o com um líquido que possui acidez em uma escala menor. Essa informação é fundamental, pois se o diluente apresentar um sabor que não seja neutro ou igual ao sabor da preparação, talvez o ingrediente possa ser alocado como um saborizante ou um complemento.

Esses conceitos podem parecer complexos, mas na verdade são simples, e quando o bartender começa a pensar em seus drinks de maneira estruturada, passa a compreender melhor a formação dos sabores e conceitos. Alguns dos diluentes mais utilizados na coquetelaria são água carbonatada, sucos, refrigerantes, chá e infusões.

Complementos

Complementos são elementos que podem ser confundidos com agentes saborizantes, principalmente quando interpretados por entusiastas ou profissionais de bar que não possuem formação robusta. Um bartender profissional deve compreender perfeitamente o uso desses ingredientes. Para isso, basta interpretar a seguinte informação: complementos são elementos utilizados em menor quantidade que os saborizantes e visam completar seu sabor. Um agente saborizante, por sua vez, tem relação com a base. Por exemplo, o Kamikaze é um drink que fez muito sucesso nos anos 1990, e leva vodka, licor triple sec e suco de limão. Neste caso, o suco de limão é um complemento ácido para um licor doce, que por sua vez, se relaciona assertivamente com um destilado base neutro.

Os complementos podem ser utilizados para corrigir ou realçar dulçor, amargor, ardor, pungência e acidez, além dos sabores salgado e umami. O mais comum dos complementos na coquetelaria clássica são os xaropes de açúcar. Utilizados em muitas preparações, esses xaropes geram uma pequena confusão em sua produção.

Vamos conhecer três variações desses importantes complementos e seus principais usos.

Simple syrup

Xarope simples, é a mistura de somente água potável (de preferência alcalina) e açúcar branco refinado na proporção de 1/1 g, ou seja, partes iguais em peso. Sem levar ao fogo, a forma correta de preparar esse xarope é bater no liquidificador até a sua homogeneização, com um tempo de descanso mínimo de 12 horas para perder a aeração promovida pela mistura. Seu tempo de validade no refrigerador é de até 90 dias.

Utilizamos o xarope simples quando queremos somente complementar o coquetel em dulçor neutro, sem conferir nenhuma outra interferência, como, por exemplo, o mojito clássico e outros coquetéis que levam ervas frescas. No campo da harmonização, atendem bem preparações com frutas tropicais verdes e amarelas.

Caramel syrup

Xarope caramelo-claro, tem o modo de preparo um pouco diferente do simples. Este complemento utiliza a redução por calor em sua confecção, e isso promove um processo químico chamado reação de Maillard, popularmente conhecido por caramelização. Embora no xarope caramelo essa reação ocorra delicadamente, é suficiente para modificar sua estrutura, densidade, cor e seu sabor, fazendo com que ganhe uma pequena nota de amargor e harmonize bem com bases levemente amadeiradas, como rum carta oro, whisky standard e algumas cachaças. No campo da harmonização, frutas que vão do alaranjado até o vermelho-claro costumam se beneficiar deste xarope.

ATENÇÃO, BARTENDER!

Apesar de os xaropes de açúcar serem bastante duráveis, sua degradação ocorre principalmente por fermentação espontânea, ou seja, sem a inserção de leveduras específicas. Isso ocorre porque o açúcar tem grande potencial fermentativo, e quando recebe atividade de água, passa a ter as condições perfeitas para o start biológico. Por esse motivo, o ideal é sempre produzir o xarope em pouca quantidade e armazená-lo em refrigerador para retardar a ação das leveduras naturais.

Para sua produção, a proporção é de 2 partes de água para uma de açúcar branco refinado. Levando ao fogo alto em uma panela, mexer para dissolver o açúcar até a fervura; depois, abaixe o fogo e deixe reduzir um terço do volume, ou seja, até obter a proporção de 1/1. A validade deste produto é de aproximadamente 60 dias em refrigerador.

Dark syrup

Xarope escuro, resulta de acentuada reação de Maillard. A intenção deste xarope é promover ainda mais amargor ao açúcar. Para isso, podemos fazer uma calda como a de pudim, bem escura, e depois diluir essa calda em água, até obter a densidade desejada; ou, ainda, utilizar açúcares mais escuros, como o mascavo, por exemplo. É necessário compreender que, nesse caso, por conta da grande interferência no sabor do coquetel, esse xarope talvez se aloque melhor nos elementos saborizantes.

Geralmente, no contexto da harmonização, xaropes caramelizados tendem a combinar mais com frutas que vão do vermelho ao roxo intenso. Quanto à validade, pode ser mantido no máximo 60 dias no refrigerador.

Até pouco tempo atrás, a coquetelaria não se valia de muitos outros complementos; entretanto, com o aumento de coquetéis autorais e movimentos gastronômicos como a releitura, muitos clientes passaram a solicitar que bartenders complementem seus coquetéis com um toque de exclusividade, e assim, outras composições passaram a integrar o dia a dia do bar e a completar a paleta de complementos:

Tintura de sal e salmoura

À concentração salina em água, damos o nome de salmoura. Em álcool neutro, chamamos de tintura. A concentração é subjetiva, entretanto, a melhor equivale à concentração da lágrima.

Tintura umami

Concentração de glutamato monossódico em água ou álcool neutro.

Tintura de pimenta

Diferente dos molhos, a intenção do extrato ou tintura de pimenta é promover apenas a pungência, ou seja, aquela sensação de agulhada na língua promovida pela capsaicina (toxina ativa da pimenta). Não deve apresentar qualquer outro sabor, somente a sensação de leve pungência.

Ginger extract

Extrato de gengibre. Deve promover um enorme potencial de ardor com apenas uma gota. Esse potente complemento pode fazer a diferença em seus drinks, e seu preparo é muito simples, bastando ralar a raiz de gengibre e espremer o produto com a ajuda de um cross hatch (tecido estilo perflex) ou um extrator pinça para limão. O líquido que sair é o extrato puro do gengibre, e sua validade é de até 48 horas no refrigerador.

Aromatizantes

Aromatizantes são todos os líquidos que utilizamos com propósito único de valorizar, ampliar ou promover aromas nos coquetéis, sem que isso modifique significativamente seu sabor. Esses aromas podem ser semelhantes aos ingredientes ou discrepantes; por exemplo, um spray de casca de laranja pode ser utilizado para valorizar ainda mais o aroma da laranja que foi usada no Sex on the Beach ou em uma adaptação do Black Russian para contrastar com o café, causando uma confusão agradável aos sentidos.

DICA

Uma prática interessante no campo da aromatização é perfumar as hastes das taças e o exterior dos copos para transferir o cheiro para a mão do cliente, promovendo uma experiência bastante prazerosa e inusitada.

Guarnições

As guarnições costumam apresentar graves erros conceituais no campo da coquetelaria entusiasta. É fácil encontrar desacordos e exageros promovidos por profissionais sem formação, cujos equívocos vão desde rodelas de limão em copos de boca estreita, o que faz com que os clientes encostem a ponta do nariz na fruta, até coroas de abacaxi com as folhas pontiagudas voltadas para cima, o que pode ferir os olhos de clientes mais desatentos.

Ao contrário de todos esses exageros, as guarnições têm o papel enriquecer o coquetel, oferecendo, por meio de uma textura sólida, qualquer elemento comestível que valorize a produção, seja por aroma, sabor, cor ou textura. Portanto, ao adicionar uma simples cereja, estamos promovendo praticamente todos esses valores de maneira assertiva.

Sem a intenção de estender esse polêmico assunto, é importante apenas deixar claro que qualquer elemento que seja adicionado a um coquetel sem exercer uma função relacionada ao seu consumo se transforma em decoração, ou seja, tem função meramente estética. Uma guarnição assertiva, no entanto, pode e deve promover um melhoramento estético, mas sempre somado a uma funcionalidade de aroma, cor, sabor e/ou textura.

Sistema de compra e estocagem de bebidas

Comprar bebidas para abastecer bares, restaurantes e congêneres é uma ocupação tão detalhada que, em alguns casos, como em resorts e hotéis de grande porte, há um encarregado somente para essa tarefa. Isso se deve simplesmente ao volume, pois quando falamos das observações e informações pertinentes à aquisição desses insumos, os cuidados são praticamente os mesmos. Vamos conhecer um pouco sobre os facilitadores de compras.

É imprescindível comprar somente com nota fiscal. Isso mesmo! Acredite se quiser, mas um dos maiores problemas com que nos deparamos na compra de bebidas alcoólicas são os produtos adquiridos por crimes de descaminho, ou seja, produtos que são importados sem o correto recolhimento de taxas e impostos. Mesmo que sejam originais, essas bebidas oferecem um comércio que prejudica o segmento como um todo e, muitas vezes, essa prática repercute em prejuízo direto para os próprios bartenders, pois os estabelecimentos sérios e legais, que mais valorizam a profissão, acabam fechando ou reduzindo suas atividades por conta da desleal concorrência.

Outro fator positivo que observamos com a nota fiscal é a proteção que temos em relação aos contrabandos que, diferentemente dos descaminhos, podem ainda incidir em prejuízos com produtos falsificados e que fomentam um mercado criminoso, além de oferecer riscos graves à saúde dos consumidores.

Compras por menor valor são válidas. As ações de vendas promocionais dos fornecedores do segmento de bebidas são ótimas a depender da época e da demanda, e ocorrem tanto no atacado quanto no varejo, mas fique atento e desconfie de valores excessivamente baixos.

Muitos fornecedores oferecem descontos consideráveis em produtos que estão com embalagens danificadas, e isso pode ser uma ótima oportunidade de compra, se imaginarmos, por exemplo, uma garrafa que ficará no rail (estação de trabalho) ou no service bar, onde clientes não conseguem notar um rótulo manchado ou ainda uma garrafa de destilado em uma versão antiga.

Isso pode significar uma oportunidade de aumentar o faturamento do bar, mas atenção às avarias, que devem ser analisadas com bom senso. Latas amassadas, embalagens violadas ou abertas, rótulos trocados ou completamente removidos, bem como itens com qualquer tipo

CURIOSIDADE

O mercado clandestino de bebidas está cada vez mais comum. Com frequência nos deparamos com notícias sobre a prisão de falsificadores. Uma informação útil para você, bartender profissional, é que muitos desses criminosos realizam buscas em lixos e contêineres próximos a bares e restaurantes para aproveitar as garrafas de vidro originais das bebidas. Essa prática é tão comum que alguns estabelecimentos mal-intencionados vendem essas garrafas para tal prática. Por isso, o ideal é que o estabelecimento ou o bartender façam o descarte desses itens em parceiros ou cooperativas de reciclagem que assegurem o destino correto.

de sinal que possa gerar desconfiança na originalidade e integralidade do insumo jamais devem ser adquiridos.

Do mesmo modo, as datas de validade representam fator primordial para a compra de bebidas. No caso das fermentadas, além da data de validade, a conservação é um caso a ser observado, pois oferece mudanças significativas. Uma garrafa de vermouth que fica estocada no galpão de uma empresa com temperatura controlada e sem ação de luz se conserva muito melhor do que nas gôndolas de supermercados de alta rotatividade, onde a garrafa fica em exposição direta à luz e sujeita a variações bruscas de temperatura e choques físicos. Portanto, realizar compras em lojas especializadas de bebidas pode trazer uma segurança ainda maior na qualidade dos produtos.

Sistema de conservação e armazenagem de bebidas

Para começar, vamos fazer um alinhamento em relação às bebidas fermentadas. Como vimos anteriormente, muitas bebidas fermentadas já são adquiridas com características de degradação. Podemos dizer que, para os fermentados, a conservação começa na aquisição, e depois, a manutenção pode ser feita mantendo as garrafas ao abrigo de luz, calor excessivo e até de sons altos. Por incrível que pareça, fermentados que sofrem exposição prolongada a sons em volume alto apresentam um nível de oxidação maior. Essa informação é muito importante para night bars que costumam guardar suas garrafas fechadas em prateleiras próximas às caixas de som.

Vinhos devem ser armazenados em adegas climatizadas e, na falta delas, ao abrigo de luz e calor, além de deixar as garrafas na posição horizontal para evitar o ressecamento da rolha. Já os fermentados compostos, como vermouths e outros vinhos fortificados, podem ficar em pé desde que em locais arejados e com pouca incidência de luz e som e, após abertos, devem ser conservados em refrigerador. Cervejas, quando pasteurizadas, seguem as mesmas recomendações, entretanto, quando vivas ou não pasteurizadas, devem ser mantidas em redes de frio, ou seja, não podem ganhar temperatura. Isso quer dizer que devem ser recebidas e conservadas geladas até o consumo, observando-se a data de validade. O mesmo se aplica a alguns saquês e até mesmo sucos de frutas que não passem por pasteurização.

Diferentemente dos fermentados, as bebidas destiladas oferecem maior facilidade de controle, pois, justamente pelo processo de produção, são estáveis e não oferecem grandes variações após o envase. Por esse motivo, é muito comum ver destilados em garrafas transparentes, pois a exposição à luz não modifica o produto com facilidade, entretanto, o calor sim. Dessa forma, procure sempre manter as garrafas fechadas em local arejado. Por falar em garrafas fechadas, embora você possa encontrar nas etiquetas das bebidas uma frase indicando que o produto tem validade indeterminada, essa informação é válida para condições favoráveis de conservação, como as que descrevemos até agora, e somente para garrafas fechadas. Quando abertas, o ideal é que sejam consumidas em até um ano, mantendo-as bem tampadas e ao abrigo de temperaturas extremas. Já os fermentados têm validade de aproximadamente seis meses, desde que bem tampados e armazenados em refrigerador. Isso acontece porque a partir do momento que as bebidas são abertas e servidas, há uma troca de ar dentro da garrafa e a diminuição do seu volume, que ocasiona oxidação nos fermentados e evaporação de parte da concentração alcoólica nos destilados, fazendo com que percam suas características sensoriais.

Técnicas básicas de coquetelaria

Outras bebidas, como refrigerantes, sucos e chás, que passam pelo processo de estabilização e adição de conservantes químicos, trazem nos rótulos informações sobre sua conservação.

Saideira

Aprender sobre bebidas nunca tem fim. Como você pode perceber, a nossa relação com as bebidas, sejam alcoólicas ou não, é muito antiga e oferece prazer para quem consome e lucratividade para quem vende, entretanto, existem responsabilidades para se trabalhar com elas no campo da coquetelaria, que vão desde conhecer suas histórias, matérias-primas e combinações até o compromisso social relacionado à aquisição legal dos insumos, evitando o mercado clandestino de bebidas. Portanto, se você quer ser um verdadeiro profissional de bar, nunca pare de estudar, pois conhecer a matéria-prima é, sem dúvida, o primeiro passo para se tornar o profissional que conhecemos por bartender.

Por falar em bartender, alguns questionamentos devem ser esclarecidos. Quais são os conhecimentos, as habilidades e os comportamentos desejáveis a esse profissional? Como vimos, as bebidas exercem função de matéria-prima para os coquetéis. Qual é a relação do bartender com esses produtos e serviços? Um coquetel é mais do que um produto; pode representar histórias, conquistas, uniões ou momentos de felicidade na vida das pessoas, e vem fazendo isso há centenas de anos. Será que o mercado de alimentos e bebidas conta com profissionais com essa consciência, que utilizam mais do que simplesmente o conceito de misturar ingredientes a esmo, sem seguir nenhuma das regras que começamos a ver? Afinal, se existem conceitos para as matérias-primas, não haveria também para o modo de preparo?

Sim, caro profissional, para ser um verdadeiro bartender é preciso compreender a importância e a finalidade
desta profissão e entender que o serviço de bar tem um
propósito maior.

3 Um coquetel para cada ocasião

Coquetéis são como roupas:
tente entender suas relações com pessoas; entenda em que momento do dia a pessoa está, seu estilo e gosto pessoal. Dessa forma fica mais fácil, você já viu alguém vestir smoking para ir à praia ou colocar bermuda e regata para um jantar de gala? Pois bem, não ofereça Sex on the Beach em reuniões de negócios nem Double Old Fashioned em balada com DJ. Isso já é um caminho!

Valtencir Mancine Bertone

GUIA

Neste capítulo, apresentaremos uma perspectiva geral das finalidades, modalidades e categorias dos coquetéis e uma visão das técnicas de produção mais usadas por bartenders.

Certo dia, no começo da minha carreira, perguntei ao meu chefe direto como sugerir um ou outro drink para as pessoas. Sua resposta, como podem ver no parágrafo que abre este capítulo, foi simplesmente incrível e até hoje a considero padrão ouro para explicar como escolher o coquetel certo para cada ocasião. Pode parecer somente uma dica de venda, mas tenho certeza que ao finalizar este capítulo, você irá perceber que a frase diz respeito a todo o propósito da coquetelaria que, em breve, você perceberá com outros olhos.

Um coquetel para cada ocasião

Coquetelaria, um propósito maior

O bartender é o profissional que realiza serviços de bar. Segundo a **Classificação Brasileira de Ocupações (CBO)**, que tem por finalidade identificar e definir as ocupações no mercado de trabalho nacional, as ocupações pertinentes ao cargo são definidas da seguinte forma:

Atendem os clientes, recepcionando-os e servindo refeições e bebidas em restaurantes, bares, clubes, cantinas, hotéis, eventos e hospitais; montam e desmontam praças, carrinhos, mesas, balcões e bares; organizam, conferem e controlam materiais de trabalho, bebidas e alimentos, listas de espera, a limpeza e higiene e a segurança do local de trabalho; preparam alimentos e bebidas, realizando também serviços de vinhos **(CBO, 2023).**

Embora seja pertinente ao cargo realizar com maestria todas essas funções, quando citamos a palavra bartender, geralmente pensamos em pessoas atrás de balcões majestosos com nichos e prateleiras iluminadas, cheias de bebidas de todas as variedades e cores, naturalmente realizando uma função glamurosa: preparar e servir coquetéis.

Afinal, por que servir um coquetel? Na resposta a essa pergunta está o principal divisor entre bartenders profissionais e amadores; já vamos entender o motivo. Pensando como consumidores, poderíamos responder que bebemos um coquetel porque apreciamos seu sabor ou para desfrutar de recreação alcoólica, o que merece a nossa atenção, mas para um profissional de bar, além desses motivos, existem elementos norteadores para oferecer, produzir e servir um coquetel. Esses elementos são divisores de águas em nosso propósito como bartenders, mostrando que em nosso ofício existe um porquê, quando, quanto e como servimos coquetéis.

Estamos falando de finalidades, categorias e modalidades, regras que, além da importância já mencionada, ainda nos norteiam quando criamos, adaptamos e indicamos uma bebida aos clientes.

A maioria dos clientes, quando chega a um bar, restaurante ou similar, já possui preferências e desejos formulados por sua cultura e hábitos alimentares. No entanto, com a mudança comportamental de consumo nos últimos anos, os bartenders passaram de simples atendentes a referências de indicação e sugestão dos produtos e novidades gastronômicas. Esses clientes chegam às mesas ou aos balcões ansiosos por experimentar novos sabores e experiências. É nesse momento que você utilizará sua expertise e seu profissionalismo: ao indicar um coquetel a um cliente, não basta oferecer produtos que façam parte somente de seu gosto pessoal, e sim realizar um atendimento mais imersivo, buscando levantar informações sobre as preferências e anseios do cliente. Faça perguntas simples, como:

ATENÇÃO, BARTENDER!

Por conta de comprometimento nas traduções técnicas e jargões em algumas literaturas, é possível encontrar os termos finalidades, categorias e modalidades com os significados invertidos entre eles.

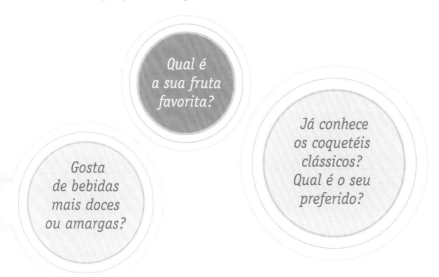

Qual é a sua fruta favorita?

Gosta de bebidas mais doces ou amargas?

Já conhece os coquetéis clássicos? Qual é o seu preferido?

As respostas do cliente apontarão o coquetel certo para a ocasião. Sua escolha será plenamente assertiva se as finalidades dos coquetéis forem seguidas corretamente. Vamos conhecê-las?

Entenda aqui e depois vá até a página 177 para ver como coquetéis clássicos e contemporâneos são classificados. Aproveite para conhecer também o modo de preparo e um pouco da história de cada um.

Classificação e indicação dos coquetéis

As finalidades, na prática, são os motivos pelo qual um coquetel existe, ou seja, seu propósito de serviço, e são divididas em cinco: aperitivos ou estimulantes de apetite; digestivos; refrescantes; estimulantes físicos ou energéticos; e nutritivos. Conheça cada uma delas nos quadros a seguir:

finalidade	aperitivos ou estimulantes de apetite
caracterísiticas	• não costumam levar muitos ingredientes; • geralmente são levemente mais ácidos; • podem, em alguns casos, ter potencial etílico mais elevado e menor volumetria; • levam pouco açúcar; • são fortemente representados pela escola europeia de coquetelaria; • geralmente agradam a paladares mais clássicos.
sugestões	• anteceder as refeições principais para abrir o apetite; • iniciar recepções e reuniões; • happy hours.

Quadro 3.1 – Aperitivos ou estimulantes de apetite

finalidade	digestivos
caracterísiticas	- *possuem menor volumetria;* - *podem ter características ambíguas entre amargo ou doce;* - *podem empregar bases com bitters ou licores;* - *tendem a ser servidos com temperaturas amenas, mas não gelados;* - *são fortemente representados pela escola europeia de coquetelaria;* - *geralmente agradam a paladares mais clássicos.*
sugestões	- *suceder as refeições principais para ajudar na digestão;* - *finalizar refeições e reuniões;* - *harmonizar com sobremesas ou tabaco.*

Quadro 3.2 – Digestivos

finalidade	refrescantes
caracterísiticas	- *geralmente são coquetéis com maior volumetria e menor teor alcoólico;* - *são servidos bem gelados;* - *tendem a ser mais doces;* - *tendem a utilizar sucos de frutas, refrigerantes e outros gaseificados;* - *são fortemente representados pelas escolas americana e latina de coquetelaria;* - *agradam a grande parte dos paladares.*
sugestões	- *brindes e consumo de recreação;* - *bares de piscinas, praias e dias quentes;* - *iniciar recepções e reuniões despretensiosas;* - *harmonizar com refeições e outras bebidas destiladas;* - *happy hours.*

Quadro 3.3 – Refrescantes

Um coquetel para cada ocasião

finalidade	estimulantes físicos ou energéticos
caracterísiticas	• geralmente são coquetéis doces e ácidos; • possuem, em geral, potencial etílico moderado, evidenciando a ação e propriedade de seus outros ingredientes; • levam açúcares, extratos, pós e outras substâncias com valores energéticos ou estimulantes, como café, guaraná, ginseng, entre outros; • são fortemente representados pelas escolas americana e latina de coquetelaria; • agradam a paladares mais ecléticos e apreciadores da vida noturna.
sugestões	• geralmente servidos nos períodos de letargia ou cansaço físico; • iniciar recepções e reuniões; • happy hours, shows e eventos de longa duração.

Quadro 3.4 – Estimulantes físicos ou energéticos

finalidade	nutritivos
características	• geralmente são coquetéis doces, mas acolhem bem as exceções; • muitas produções são sem álcool ou não costumam ter potencial etílico alto; • como característica fundamental, utilizam proteínas (animal ou vegetal); • são representados em todas as escolas de coquetelaria; • agradam a paladares mais populares e a um público misto.
sugestões	• substituir refeições ou ajudar na alimentação; • opções para lanchonetes e fast foods; • happy hours.

Quadro 3.5 – Nutritivos

Embora cada coquetel se enquadre num grupo pela sua finalidade, vários deles podem funcionar bem em outro grupo em momentos distintos, como nos exemplos a seguir.

ATENÇÃO, BARTENDER!

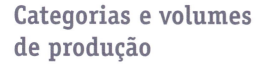

Em algumas literaturas mais antigas e principalmente com raízes na coquetelaria clássica do Reino Unido (old school) você poderá encontrar definições de divisões mais minimalistas, como a tríplice divisão em:

- *Sour: grupo dos tragos curtos, ácidos e ligeiramente doces.*
- *Fizz: drinks batidos que levam destilados, servidos em copos altos e adicionados de bebidas gaseificadas.*
- *Grog: equivalentes aos hot drinks.*

Essa divisão, embora correta, ficou muito desatualizada e incompleta com o tempo e a mudança de oferta, além de sofrer muito com as primeiras traduções de literaturas técnicas antigas.

Categorias e volumes de produção

Se por um lado as finalidades nos apontam um "porquê e quando" produzir nossas misturas, sejam elas clássicas ou autorais, por outro, são as categorias de volume que nos direcionam na assertividade do "quanto" vamos servir, e essas regras nos impedem de criar e reproduzir coquetéis cujos volumes não sejam coerentes com as finalidades. Imagine um coquetel digestivo executado em um volume acima do indicado: não só o cliente deixaria de consumir o drink até o fim, como o seu valor seria encarecido, o que poderia inibir a venda em outros momentos.

Um coquetel para cada ocasião

As categorias são habitualmente divididas em três: long drinks, short drinks e hot drinks, sendo as duas primeiras medidas de capacidade e a última faz referência à temperatura, acolhendo a ambas de acordo com o momento e a intenção. No entanto, com a mudança de cenário e a crescente influência de outras escolas de coquetelaria, no quadro a seguir vamos ampliar as categorias de capacidade para facilitar essa divisão e dar voz a hábitos da coquetelaria brasileira.

ATENÇÃO, BARTENDER!

Quando pensamos em hot drinks, imediatamente associamos o consumo desses coquetéis a países frios, não é? Descubra no podcast Hot Drinks – Será que você já bebeu um? qual é o país que mais vende hot drinks no mundo.

categoria	quantidades	indicação de finalidades
Long drinks, ou trago longo	300 mL a 500 mL	Refrescantes, energéticos e nutritivos.
Short drinks, ou trago curto	100 mL a 280 mL	Aperitivos e digestivos.
Shot drinks	30 mL a 80 mL	Todas as finalidades.
Compartilhados	Acima de 1 L	Preparações executadas em jarras ou grandes recipientes para divisão e serviços compartilhados, como ponches brasileiros, quentão e similares.
Hot drinks servidos em copos com apêndices (as populares "asas de xícara")	100 mL a 280 mL	Todos os servidos quentes, independentemente do volume ou da indicação.

Quadro 3.6 – Categorias e volumes

Você percebeu que entre as três primeiras categorias existe um pequeno hiato de 20 mL? Isso é feito para deixar mais clara a divisão entre as indicações, além de permitir que as preparações que estejam entre esses volumes atendam a ambas as categorias, permitindo dupla finalidade.

Modalidades de produção e técnicas

As modalidades indicam diretamente quais são as técnicas utilizadas para o preparo dos coquetéis. Se nas finalidades e categorias vimos os motivos e as quantidades para fazer um coquetel, é nas modalidades que descobrimos como fazê-lo de forma técnica, obtendo o melhor resultado de cada operação, valorizando seus ingredientes de forma a promover resultados sempre padronizados.

modalidade ou técnica	realização	resultado obtido
Montado	Monte o coquetel diretamente no copo de serviço, obedecendo à ordem de montagem, lembrando que ingredientes mais densos sempre ficarão no fundo do copo.	Coquetéis refrigerados, heterogêneos, em escalas de degradê ou levemente homogeneizados.
Mexido	Mexa os ingredientes com ou sem gelo em um mixing glass utilizando uma colher bailarina. Faça isso girando a espiral da colher entre as pontas dos dedos polegar e médio.	Coquetéis levemente refrigerados com diluição controlada e homogeneizados, sem bolhas.
Batido	Adicione os ingredientes a uma coqueteleira com gelo, feche e bata.	Coquetéis gelados com homogeneização plena.
Rolling	Utilize duas coqueteleiras e o strainer para segurar o gelo ao despejar o conteúdo de um recipiente para o outro.	Coquetéis refrigerados com diluição controlada e homogeneizados delicadamente.
Throwing	Utilize a mesma técnica de rolling passando o líquido coado de uma coqueteleira para a outra repetidas vezes, mas com a distância de pelo menos 20 cm entre elas.	Coquetéis gelados com boa homogeneização e diluição promovida pelo gelo, além de aeração.

Quadro 3.7 – Modalidades ou técnicas de preparo

Um coquetel para cada ocasião

DICA

Anote o que precisar e lembre-se sempre que estamos montando o conhecimento da coquetelaria: a cada capítulo, um pouco mais de informação para você materializar suas criações.

Bartender profissional: fundamentos e técnicas essenciais

Como você viu, o conhecimento de um profissional é sempre sustentado por técnicas que, quando dominadas, tiram o bartender dos campos do amadorismo, da subjetividade e das preparações realizadas por motivos pessoais para passar a ter um olhar e um comportamento verdadeiramente profissionais.

Essas informações podem parecer muito complexas e difíceis de assimilar, entretanto, se você as utilizar junto com outros conhecimentos e ferramentas, naturalmente se tornarão facilmente aplicáveis. Vamos conhecer essas ferramentas?

ATENÇÃO, BARTENDER!
Está na hora de aprofundar seus conhecimentos. Acesse os links para saber mais:

Coquetéis Batidos – Gastronomia e Alimentação: aprendendo com o Senac.
Veja: Vídeo

Saideira

Todos os conhecimentos apresentados neste capítulo são fundamentais para o profissional de bar, portanto mexa, misture ou faça um rolling dessas informações, bartender! Crie a partir delas um coquetel que sirva para sua carreira como ferramenta em todas as ocasiões. Por falar em ferramentas, que tal conhecer um pouco mais sobre elas?

É o que veremos no próximo capítulo.

Etilismo no ambiente de trabalho (uma dura realidade). O podcast conta um pouco sobre os perigos do etilismo dentro da profissão de bartender e os riscos desta prática.
Ouça: Podcast

Um coquetel para cada ocasião

4 Pesos e medidas: as ferramentas operacionais do bartender

Quando pensamos em ferramentas, as primeiras imagens que vêm à cabeça são materiais metálicos ou maquinários, não é? Mas existe uma outra classe de ferramentas que são fundamentais para nosso campo de atuação: estamos falando dos documentos operacionais. Talvez você nunca tenha ouvido falar nesse termo, mas com certeza já produziu e se valeu de alguns deles, mesmo que de maneira simplista. Vamos conhecer esses documentos, aprender a utilizá-los e compreender a sua importância para as competências e habilidades do bartender.

Essas ferramentas podem ser divididas em dois grandes grupos: o das informações administrativas e o das informações de operações e produção. Esses grupos são interligados e, na maioria das vezes, não podemos trabalhar com um sem ter conhecimento sobre o outro; não devemos desprezar ou diminuir nenhuma das informações. Além disso, em determinados momentos, algumas ferramentas carregam informações que abastecem os dois setores: é o caso, por exemplo, das fichas técnicas que, quando produzidas corretamente, contêm informações importantes acerca dos insumos e de suas medidas, bem como os fatores de correção e o índice de cocção necessários para gerar uma solicitação de compra sem erros. Pareceu complicado? Saiba que não é.

Em primeiro lugar, vamos entender o conceito de ficha técnica. Você certamente já viu ou tem um caderno de receitas. Esse pequeno livro ou manuscrito é pra-

GUIA

A coquetelaria se apoia em pesos e medidas para padronizar o preparo de coquetéis. Neste capítulo, vamos falar sobre esse conhecimento essencial para todo bartender, entender como usá-lo no dia a dia e, finalmente, como criar uma ficha técnica para um coquetel. Organização e sistematização são essenciais para um bartender realizar seu trabalho.

Pesos e medidas: as ferramentas operacionais do bartender   69

ticamente unânime no lar brasileiro, quase todas as casas têm. São registros que guardam informações valiosas: os ingredientes, as medidas e o modo de preparo das receitas; só com essas informações podemos preparar os alimentos sempre com as mesmas características. Esse é, sem dúvidas, o primeiro modelo de ficha técnica. No entanto, essas fichas usam unidades de medida quase sempre caseiras, que geram bastante divergência quando aplicadas em estabelecimentos comerciais, fazendo as preparações perderem padrão e, consequentemente, qualidade e viabilidade na operação.

Vamos trazer esse paralelo para o mundo da coquetelaria. Por exemplo, na receita do "Ponche de Natal", escrito à mão no caderno de receitas da minha avó (cuja receita completa está no capítulo 9, que fala da escola brasileira de coquetelaria), um subitem chama a atenção:

A receita está na página 219. Aproveite também para conhecer os coqueteis marcantes da escola brasileira de coquetelaria

Imagine trazer essa receita para um bar onde dois bartenders dividem os turnos e dias de funcionamento. Nunca teríamos o mesmo ponche, pois as medidas caseiras, como "colherão" ou "punhadinho" geram quantidades subjetivas que impactam no sabor e no valor da produção. Sem contar a experiência do cliente, que ora vai beber um ponche mais doce, ora mais alcoólico, visto que um "copão" também é uma medida que não ajuda na padronização. Por isso a necessidade de utilizar sempre medidas padronizadas de peso e dosagem. As medidas, no entanto, não são descritas de maneira igual no mundo todo e, para os bartenders, essa informação é preciosa, pois trabalhamos com culturas e costumes de diversos países, que podem utilizar medidas diferentes, e isso pode gerar erros de conceito e produções desastrosas. Vamos nos apropriar desses conhecimentos técnicos para não cometer tais erros.

Unidades de peso e tabelas de conversão

No segmento da coquetelaria, unidades de peso são dimensões utilizadas para quantificar a massa ou o volume dos insumos sólidos. Em grande parte do globo, incluindo o Brasil, a unidade mais utilizada é o **grama (g).** Essa unidade faz parte do sistema métrico internacional e tem divisões muito simples de serem compreendidas, conforme a tabela a seguir:

múltiplos			base	submúltiplos		
quilograma	hectograma	decagrama	grama	decigrama	centigrama	miligrama
kg	hg	dag	g	dg	cg	mg
1.000 g	100 g	10 g	1 g	0,1 g	0,01 g	0,001 g

Tabela 4.1 – Medidas sólidas conforme o sistema métrico internacional

Perceba que a variação das medidas recebe novos nomes, representados por abreviações, e têm suas unidades multiplicadas adicionando 0 depois da casa base e diminuídas alocando uma vírgula após a casa base. Dessa forma, quando vamos utilizar uma medida muito grande de peso neste sistema, geralmente utilizamos o múltiplo em vez da medida base, por exemplo: no lugar de 1.000 g de açúcar, dizemos 1 kg de açúcar.

Outro sistema largamente utilizado para representar peso é a unidade imperial. Essa unidade gera bastante confusão entre os bartenders iniciantes. Nesse sistema, utilizamos ounce (onça), representada pela abreviação *oz*, que corresponde a 28,35 g. Essa medida é uma divisão correspondente a 1/16 (um dezesseis avos) da unidade libra (pound), que corresponde a 453,59 g.

1 oz (ounce) = 28,35 g × 16 = 1 pound (libra) = 453,59 g

O sistema imperial geralmente é utilizado em países com língua de origem saxônica, como o inglês. Isso mostra a grande importância de compreender essa unidade, visto que a maioria dos clássicos da coquetelaria foi concebida na Inglaterra e nos Estados Unidos. Vale ainda salientar que alguns copos e taças de serviço foram feitos no sistema imperial, portanto, algumas produções podem ficar equivocadas quando não se leva isso em conta.

Unidades de medida líquida e tabelas de conversão

As mesmas divisões das medidas sólidas se aplicam às líquidas, entretanto, por conta da fluidez, quando quantificamos os líquidos, utilizamos volume de capacidade em vez de volume de massa. Dessa forma, para medir líquidos, temos como medida adotada pelo sistema internacional (SI) o litro (L), que utiliza múltiplos para indicar capacidades maiores de volume, como o decalitro (daL), hectolitro (hL) e o quilolitro (kL). Essas unidades representam números muito altos e são utilizadas para outros ofícios. Para nós, bartenders, as unidades mais importantes são os submúltiplos do litro, como o decilitro (dL), que equivale ao litro dividido por 10; o centilitro (cL), um litro dividido por 100; e por último, a unidade que mais utilizamos, o mililitro (mL), um litro dividido por 1000.

quilolitro	hectolitro	decalitro	litro	decilitro	centilitro	mililitro
x10	x10	x10	x10	x10	x10	x10
kL	**hL**	**daL**	**L**	**dL**	**cL**	**mL**
:10	:10	:10	:10	:10	:10	:10

Tabela 4.2 – Medidas líquidas conforme o sistema métrico internacional

Já na escala imperial, a unidade de medida é a onça fluida, representada pela abreviação fl oz. Essa medida oferece uma variação: enquanto a onça líquida britânica é igual a 28,4130625 mL, a onça líquida americana é igual a 29,5735295625 mL, uma diferença que gera bastante confusão, por isso, no Brasil, é comum a prática de arredondamento das medidas, deixando a fl oz com 30 mL.

unidade e abreviação	Estados Unidos	Reino Unido	Brasil
Onça fluida (fl oz)	29,57 mL	28,41 mL	30 mL

Tabela 4.3 – Conversão de onça fluida em mL

Essas medidas fazem parte do nosso cotidiano no mundo do bar, portanto, devemos compreender e estar atentos às unidades de medida que as fichas técnicas ou receitas

Pesos e medidas: as ferramentas operacionais do bartender

pedem. Alguns equipamentos podem até apresentar unidades diferentes, possibilitando aferição em unidades métricas ou imperiais.

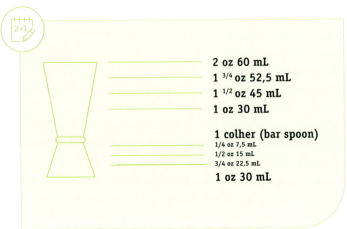

Figura 4.1 – Conversão de medidas

CURIOSIDADE

A escala imperial é utilizada na maioria das empresas de bebidas, pois é o padrão do maquinário utilizado na fabricação de bebidas como cervejas e refrigerantes. Por esse motivo é comum encontrar latas de bebidas com volumes de 473 mL, 237 mL, entre outros valores, que ficam "quebrados" quando convertidos para o sistema métrico internacional.

Na prática, se utilizarmos uma ficha técnica que está com as medidas definidas no sistema métrico e servirmos essa preparação em uma taça que foi concebida para o sistema imperial, não atingiremos a perfeita linha de serviço ou (washline – varal), deixando a aparência do drink abaixo de qualquer expectativa.

Figura 4.2 – Borderline e washline

74 · Bartender profissional: fundamentos e técnicas essenciais

Fatores de correção para compra e uso de alimentos

O fator de correção é um indicador que deveria ser muito familiar para quem trabalha com alimentos e bebidas, mas na prática, não é esse o cenário que vemos. Quando os profissionais dominam a técnica de calcular o valor exato dos ingredientes a serem utilizados nas preparações, isso acontece na cozinha, quase nunca no bar, fato que mais uma vez faz com que o bartender trabalhe na subjetividade e nos achismos. Para entender esse fator, vamos imaginar uma situação. Um bartender que trabalha no bar de um hotel recebe a seguinte mensagem de seu superior:

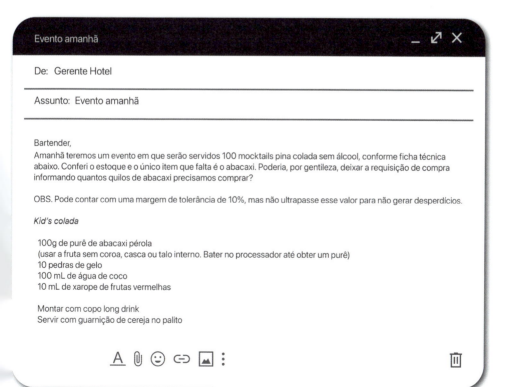

Situações como essa ocorrem todos os dias em milhares de bares e os resultados podem ser os mais diversos. Por não saber ao certo quanto de polpa rende um abacaxi, o bartender acaba gerando uma lista com valores insuficientes ou que quase ultrapassam a margem de lucro do bar, gerando produções superfaturadas. O fator de correção é a ferramenta que minimiza esses impactos e torna a tarefa do bartender extremamente fácil. Vamos ver como isso é possível?

O fator de correção dos alimentos (FC) ou índice de partes comestíveis (IPC), como é conhecido em algumas áreas de alimentos e bebidas, é um índice que avalia as perdas obtidas no pré-preparo dos alimentos, no caso do exemplo, o descascar e remover o talo do abacaxi, deixando somente a polpa da fruta para fazer o purê. Para apurar tal valor, aplicamos uma fórmula muito simples, relacionando o peso bruto e líquido do alimento. Acompanhe:

Peso bruto

1
O bartender deve providenciar um único abacaxi, pesá-lo e anotar o valor que chamará de *peso bruto (PB)*.

2
Em seguida, deve remover a coroa, descascar e remover o talo, voltar a pesar a peça limpa (sem as partes que não serão utilizadas), e anotar novamente o peso, dessa vez, chamado *peso líquido (PL)*.

3
O próximo passo é realizar a apuração do valor do peso bruto dividido pelo peso líquido (PB/PL). O valor encontrado será *o fator de correção do abacaxi*.

4

Agora é só multiplicar o valor a ser utilizado em cada preparação (200 g de purê de abacaxi) pelo número de preparações (100 drinks) e multiplicar novamente pelo FT encontrado na apuração da pesagem. Exemplo:

Peso bruto do abacaxi = 750 g
Peso líquido do abacaxi = 500 g
Fator de correção = 1,5
200 g de purê × 100 drinks = 20 kg de abacaxi
20 kg x 1,5 = 30 kg

Figura 4.3 – Cálculo do fator de correção dos alimentos (FTA)

A quantidade correta para esse evento é 30 kg de abacaxi. Levando em conta a solicitação do superior, que sugeriu uma margem de 10% para segurança da operação, se o bartender solicitar 33 kg de abacaxi, teremos uma compra feita de maneira profissional e assertiva.

Nem sempre o bartender terá tempo hábil para realizar a pesagem um a um dos ingredientes a serem utilizados, e uma tabela com os principais itens utilizados na coquetelaria pode ajudar muito. Veja, a seguir, uma lista dos insumos mais utilizados no dia a dia dos bartenders.

item	FC
abacaxi	1,89
ameixa	1,25
amora	2,11
banana-da-terra	1,39
banana-maçã	1,58
banana-nanica	1,66
banana-prata	1,51
caju	1,26
caqui	1,08

item	FC
cereja	1,22
coco maduro	1,79
coco-verde	3,02
goiaba	1,22
hortelã	1,36
laranja-pera	1,61
limão comum	2,26
maçã nacional	1,24
mamão	1,63
manga	1,61

item	FC
maracujá azedo	2,04
melancia	2,12
melão	1,04
morango	1,12
pera	1,20
pêssego	1,25
tangerina	1,36
tomate	1,61
uva branca	1,21
uva preta	1,31

Tabela 4.4 – Fator de correção dos principais insumos do bar

Pesos e medidas: as ferramentas operacionais do bartender

Cálculos para precificação de coquetéis

Agora que compreendemos as unidades de volume e capacidade, bem como o fator de correção dos insumos e suas partes comestíveis, podemos começar a trabalhar com valores mais reais de produção.

Um dos erros mais comuns na elaboração dos drinks, principalmente os autorais e as adaptações, é a composição do preço do produto, tarefa que deveria estar sob responsabilidade da gerência de alimentos e bebidas ou da chefia de bar, mas comumente é atribuída aos bartenders, que nem sempre possuem competências técnicas para tal.

Embora esta obra não tenha como eixo principal a administração de bares, vamos fazer uma breve imersão no mundo da precificação a fim de explicar alguns fatores relevantes na hora de produzir coquetéis. Tais fatores compõem os custos que chamamos de indiretos e devem ser observados com atenção e somados ao valor dos insumos utilizados para uma composição otimizada do preço.

Valor dos insumos utilizados

Corresponde diretamente ao preço dos insumos que utilizamos. Deve ser apurado com exatidão, utilizando medidas padronizadas e, caso haja necessidade, deve-se calcular também arredondamentos e margens de segurança. Utilizar fator de correção no caso de frutas e hortaliças, para precificar sempre pelo peso líquido. Dessa forma, a composição do produto unitário fica clara e padronizada.

Tempo de preparo

Raramente um bartender calcula quantos coquetéis consegue fazer por hora, e talvez essa informação seja realmente impossível de ser mensurada por conta das diferentes estruturas físicas dos bares, da habilidade do bartender e, principalmente, porque os coquetéis não têm o mesmo tempo de preparo. Fazer um Cuba Libre, por exemplo, é muito mais rápido do que fazer um Bloody Mary, e é justamente esse o fator que pode fazer com que o coquetel tenha acréscimo de valor: mais tempo do bartender significa mais dedicação nos preparos e mais custos em mão de obra. Assim, é justo que uma adequação de valores seja incorporada na hora de calcular o valor de venda de um item que demore mais para ser preparado.

Perecibilidade do produto

Quando utilizamos um produto perecível, esse item deve estar diretamente ligado ao custo final do produto. No caso do Bloody Mary, os talos do salsão (aipo) utilizado em sua receita são geralmente grandes e rendem muito, mas também sofrem com a perecibilidade, não aguentando muito tempo na geladeira. Dessa forma, quando um bar opta por adotar esse coquetel em sua carta e não utiliza salsão em outra preparação, pode fazer com que grande parte desse insumo seja descartada, gerando nova aquisição e superfaturamento na produção do drink.

Nível de álcool

Trabalhar o álcool em coquetéis é algo que exige bastante atenção. Nem todos os coquetéis possuem o mesmo volume alcoólico, e esse fator pode ser significativo quando falamos em precificação, pois é razoável que, em alguns casos, receitas mais alcoólicas tenham valores um pouco maiores de venda. Isso

Pesos e medidas: as ferramentas operacionais do bartender

deve acontecer por um único motivo: quanto mais alcoólico um drink, menos os clientes precisam beber. Vamos entender esse raciocínio.

ATENÇÃO, BARTENDER!

Isso não significa que fazer diluições ou modificar receitas clássicas seja a solução, pois essa prática, além de antiética, é facilmente percebida pelos clientes, que certamente não retornarão ao estabelecimento.

Embora o bar seja um empreendimento que possui margem de lucro razoavelmente alta, seus custos operacionais também são altos, além dos insumos caros e altos impostos. Os bares geralmente têm um tempo de operação diário reduzido, o que faz com que os estabelecimentos que trabalham com coquetelaria precisem vender muitas unidades em um curto período de tempo para obter margens satisfatórias de lucro. Dessa forma, quando vendemos coquetéis menos alcoólicos, permitimos que o cliente consiga beber mais unidades ingerindo as mesmas quantidades de álcool, e isso eleva o ticket médio do estabelecimento. Assim, em alguns casos, quando utilizamos a métrica de precificar um pouco mais os coquetéis mais alcoólicos, podemos representar assertividade.

Nível de saciedade

Da mesma forma que notamos o nível de saciedade do álcool no exemplo anterior, podemos observar o nível de saciedade física em alguns casos da coquetelaria: é o caso dos coquetéis nutritivos. Vamos pensar no seguinte caso: um bartender decide alocar em uma nova carta um drink autoral com o nome Jack Maltine (milkshake de Tennessee whiskey com sorvete de creme e Ovomaltine). Sua receita leva os seguintes ingredientes:

Jack Maltine
200 g de sorvete de creme
30 mL de Jack Daniel's (Tennessee whiskey)
30 mL de licor de chocolate branco
20 g de achocolatado Ovomaltine
Calda de chocolate para crustar o copo
Chantilly para topping
Canudo de chocolate para guarnecer
Canudo de papel de bitola larga para drinks cremosos

Observamos que o coquetel leva itens de valores elevados, logo, a soma de seus ingredientes representa um alto custo de produção. Quando o responsável pela precificação soma os valores de produção à porcentagem de lucro, obtém um valor que considera muito alto e recorre à seguinte solução: baixar um pouco o valor para colocar o produto em uma faixa de preço acessível ao consumidor.

Essa prática não leva em conta o seguinte fator: após consumir um coquetel como o Jack Maltine, qual o potencial de consumo restante desse cliente? Nos deparamos mais uma vez com um valor invisível de precificação: a saciedade, que limita o consumo do cliente e faz com que o ticket médio baixe muito, portanto, práticas de precificação como no caso citado podem trazer, em alguns casos extremos, a receita negativa do item (prejuízo).

Taxa de quebra e desaparecimento

Um dos itens que mais chamam a atenção na coquetelaria são os copos e taças e, não raro, clientes pedem coquetéis somente pela afinidade visual com esses utensílios. Entretanto, esses itens fundamentais compõem um dos maiores custos invisíveis da coquetelaria. São basicamente três as causas desses custos:

Quebra indoor: corresponde a trincas, quebras e depreciação de itens que ocorrem por conta da brigada, seja no transporte de serviço, na lavagem, ou em qualquer situação causada pela própria equipe.

Quebra outdoor: corresponde a quebras provocadas pelos clientes, na mesa ou no balcão.

Desaparecimento: corresponde a itens que são furtados, desviados ou descartados por engano.

Em posse dessas informações, ao precificar um item, podemos calcular a taxa de quebra de uma taça ou copo e adicionar esse custo ao valor final de venda. Devemos levar em conta que cada tipo de bar possui taxas de quebra diferentes. Um bar de hotel, por exemplo, possui taxa de furto quase zero, enquanto um night bar tem essa taxa bastante elevada. Existem diversas maneiras de se fazer esse cálculo, por exemplo, o cálculo de serviços × 20:

Cálculo de serviço × 20

Em um bar, a taça Martini é utilizada para três diferentes coquetéis (Dry Martini, Cosmopolitan e Daiquiri) e a conta a ser realizada é a seguinte: a cada 20 serviços somados, ver quantas taças são quebradas, seja qual for o motivo (indoor, outdoor ou desaparecimento). Após a contagem, fica fácil calcular a taxa.

Caso o número de taças quebradas seja 0 ou 1, não há necessidade de somar taxa de quebra à ficha técnica, pois o volume de quebra é baixo e o custo deve ser incorporado à depreciação normal do inventário como baixa de utensílio por acidente.

Caso o resultado seja 2 ou mais, temos um indicativo de possível inserção da taxa de quebra à ficha técnica, visto que pelo menos 10% de quebra está sendo gerada pelo serviço dos três drinks.

Nesse caso, a conta é fácil:
valor da taça × número de quebras ÷ número dos serviços = taxa de quebra

Valor da taça = R$ 23,00
Número de quebra = 2
Número de serviços = 20
Assim: (23 × 2) ÷ 20 = 2,3

O valor da taxa de quebra é R$ 2,30, *quantia que deve ser incluída na ficha técnica do coquetel.*

Perceba que reajustes baseados em custos invisíveis, seja em reais ou na casa dos centavos, são importantes e resultam em um preço de venda justo, promovendo saúde financeira ao bar e desenvolvimento constante ao bartender, que precisa alcançar soluções criativas, saborosas e econômicas para o cliente. Esse ciclo ajuda a perpetuar a coquetelaria.

Precificar produções alimentícias não é algo subjetivo, tampouco se baseia em uma única informação. Como vimos, fatores como análise de mercado, concorrência, hábitos culturais, regionalidade e sazonalidade são informações que devem ser levadas em conta na composição do preço dos produtos. Várias vezes, ao questionar os responsáveis pela composição dos preços praticados quais eram os critérios utilizados para precificar os coquetéis, obtive como resposta: "Eu somo tudo o que gastei e adiciono 40%, 50% ou até 100%". Existe, no entanto, um verdadeiro perigo para a saúde financeira do bar que utiliza essa prática sem levar em conta os fatores mencionados.

Sem dúvidas, se existe uma ferramenta fundamental para a assertividade na precificação, trata-se da ficha técnica, a principal ferramenta do bartender, pois na coquetelaria não existe precificação assertiva sem padronização, e não existe padronização sem ficha técnica.

Ficha técnica: a principal ferramenta do bartender

As fichas técnicas, que a partir de agora chamaremos de FTs, são ferramentas que precisam ser interpretadas, pois, apesar de ter informações padronizadas, seu formato não é; cada local adota o modelo que mais condiz com suas necessidades. Assim, compreender as informações básicas que esse documento possui permite que o bartender interprete praticamente todos os modelos ou até mesmo desenvolva o seu próprio.

Pesos e medidas: as ferramentas operacionais do bartender

A seguir, temos alguns modelos de FTs para coquetéis, desde o mais clássico, utilizado geralmente pela administração dos bares para padronizar e precificar, até outros mais dinâmicos, com elementos textuais mais completos, permitindo que o bartender tenha contato com todo o conteúdo necessário para a produção e o serviço do coquetel.

(nome do coquetel)	(imagem do coquetel)	
finalidade	Aperitivo	
modalidade	Mexido	
classificação	Short drink	
ingredientes	**quantidade**	**observações ou substituições**
Conhaque	50 mL	Brandy ou Rye Whiskey
Absinto	10 mL	
Açúcar	1 cubo	1 colher bailarina rasa
Bitter Peychaud's	2 lances	Angostura
Zest de limão-siciliano	1 unidade	Twist
modo de preparo		

1. Em um copo Old Fashioned, coloque o gelo, o absinto e reserve.
2. Coloque os demais ingredientes no mixing glass
e mexa rapidamente até dissolver o açúcar.
3. Retire o conteúdo (gelo e absinto) do copo reservado.
4. Adicione um cubo (grande) de gelo no copo Old Fashioned
e sirva o coquetel utilizando dupla coagem.
5. Finalize com o zest de limão-siciliano.

Quadro 4.1 – Modelo de ficha técnica (FT)

Categoria, finalidade

Ingredientes

Usar medidas padronizadas; não misturar unidades de medidas; usar sequência (primeiro insumo, depois quantidade); respeitar marcas quando necessário.

Guarnições, enfeites e adornos:
Utilizar explicações simples. Fotos de guarnições podem ser utilizadas na parte inferior da foto principal da produção como uma ilustração.

Modo de preparo

Utilizar explicações simples. Fotos de guarnições podem ser utilizadas na parte inferior da foto principal da produção como uma ilustração.

Highball long drink *(indicação de categoria)*
Refrescante *(indicação de finalidade)*
Autoral *(classificação de status)*
Montado/mexido *(indicação de modalidade)*
Custo de produção *(indicação de valor de produção em escala de $ a $$$$$)*

Utilizar imagens que permitam a visualização das washlines, guarnições e da montagem.

Ícones deixam a mensagem mais imediata e visual

$$

Nome do coquetel

harmoniza com

convive com

não combina com

Legenda simples com ingredientes; pode ser utilizada na descrição da carta, dando uma breve explicação ao cliente.

Inserir elementos históricos do coquetel na carta faz com que a cultura da coquetelaria se perpetue e que o bartender que utilizar a ficha ganhe um bom repertório de diálogo com o cliente. No caso de coquetéis autorais, é uma boa oportunidade para mostrar os motivos e as técnicas utilizadas para a concepção do drink.

A indicação de harmonização pode ajudar muito a venda dos coquetéis. Utilize três itens que vão da harmonização ao desacordo, preferencialmente relacionados ao cardápio do local.

Figura 4.4 – Modelo de ficha técnica sugerido pelo livro

	Curso	
	Data	
	Receita	

Ingredientes	Unidade de medida	Quantidade bruta	Fator de correção / índice de aproveitamento	Quantidade líquida

Possíveis substituições de ingredientes:

Rendimento da receita:

Modo de preparo:

Possíveis adaptações no modo de preparo:

Análise sensorial da produção:

Quadro 4.2 – Modelo de ficha técnica (FT)

Saideira

Fichas, números e tabelas fazem parte do arsenal de trabalho dos bartenders profissionais e não podem ser deixados de lado. Certa vez, ouvi de um cliente que ele gostava de frequentar determinado bar, mas toda vez que pedia o mesmo coquetel, era feito de um jeito diferente. Imagine o impacto para os resultados daquele estabelecimento, pela informação que esse depoimento nos traz.

A padronização é, sem dúvidas, uma das nossas maiores ferramentas de trabalho (lembrando que quando falamos em ferramentas, nem sempre estamos nos referindo a maquinários e utensílios). E por falar nelas, você já deve estar ansioso para conhecê-las. No próximo capítulo, falaremos das ferramentas físicas de trabalho e você compreenderá como o domínio sobre tais itens é fundamental para nossa atuação.

ORGANIZE-SE E SISTEMATIZE

Aproveite e acesse os modelos das fichas em branco pelo link abaixo:

5 Utensílios e equipamentos básicos da coquetelaria

A divisão em dois grupos é utilizada em praticamente todos os campos de atuação, pois facilita a compreensão e a gestão das operações. Veja que nosso setor já faz isso em suas áreas: turismo e hospitalidade, alimentos e bebidas, drinks clássicos ou autorais, ferramentas documentais de gestão ou operacionais. No campo das ferramentas físicas de bar não é diferente, dividimos nossos instrumentos em utensílios e equipamentos. Qual a diferença entre eles, ou entre copos e taças?

A partir de agora, chamaremos de equipamentos todos os instrumentos utilizados no bar de maneira fixa ou que utilizam energia elétrica para funcionar – a dificuldade ou impossibilidade de movimentação implica no tamanho ou peso, e a dependência de fontes de energia impede sua utilização fora de seus lugares habituais, como é o caso de geladeiras, liquidificadores e extratores de suco. Desse modo, deixamos a classe de utensílios para todos os instrumentos que são pequenos, leves e utilizados manualmente, como coqueteleiras, colheres, copos e peneiras.

Essa divisão também nos orienta em outro sentido: as rotinas de manutenção, cuidados e limpeza dos instrumentos. No campo de atuação da microgestão, chamamos a soma do conjunto de utensílios e equipamentos de um setor de inventário ou enxoval (este último é mais utilizado para nomear os utilizáveis na garçonaria, como talheres, toalhas, guardanapos, etc.).

Agora que ficou mais fácil entender a divisão, vamos compreender a importância da microgestão nos conhecimentos e na carreira do bartender contemporâneo. Convidamos você a conhecer alguns dos utensílios e equipamentos mais utilizados na rotina de trabalho de um bar, além dos cuidados que devemos ter com eles.

GUIA

Utensílios, equipamentos: você sabe o que tem em cada um desses grupos? Nesse capítulo, vamos mostrar os instrumentos de trabalho do bartender e como e quando usá-los.

ATENÇÃO, BARTENDER!

Existem algumas ferramentas – como o mixer vertical, por exemplo – que são movidas à bateria interna e, por isso, são movimentáveis, como os utensílios. Cabe a cada profissional ou gestão definir como classificá-las. Sugiro, no entanto, por conta de sua manutenção ou tempo de vida útil, que classificá-las como equipamentos seja mais coeso.

Utensílios e equipamentos básicos da coquetelaria

Vamos lá?

Utensílios básicos da coquetelaria clássica

Coqueteleiras

Símbolo da nossa profissão, não possui um só modelo. Ao longo dos anos, várias versões foram sendo utilizadas por diferentes culturas, e atualmente conseguimos encontrar praticamente todas à venda no mercado:

Cobbler ou clássica

Dividida em três partes (copo, tampa intermediária com coador e tampa dosadora, que pode ser encontrada com 30 ou 50 mL). Pontos fortes: dispensa outros utensílios, é bonita e de fácil higienização. Pontos fracos: é difícil de abrir (devido à pressão e contração do material em baixa temperatura) e o coador possui orifícios largos, que permitem a passagem de ingredientes indesejados.

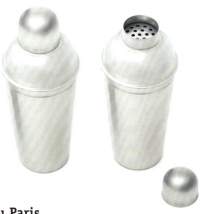

Francesa ou Paris

Possui diversos submodelos, com a tampa em formato cilíndrico, acinturado ou cônico. Pontos fortes: destacam-se a beleza e facilidade de limpeza. Pontos fracos: não tem filtro embutido e tem preço elevado.

Boston

Dividida em duas partes (um copo cônico maior e um menor, chamado mini tin). Não é à toa que esse utensílio é o queridinho dos bartenders. Pontos fortes: material robusto, fácil higienização, facilidade para a realização de movimentos de malabares (para isso, coqueteleiras com contrapeso na base são indicadas), pode ser utilizada como mixing glass e adaptada em copos de serviço do tipo long drink. Ponto fraco: a necessidade de um filtro ou peneira adicional é o único relevante.

Coqueteleira clássica de duas partes ou Milenium

Um utensílio robusto, que raramente é utilizado em bares de grande fluxo de pedidos, possui um copo com uma peneira em metade do seu bocal e uma tampa com 1/3 da capacidade de seu copo. Pontos fortes: possui um coador embutido e é resistente. Pontos fracos: é difícil colocar cubos de gelo em seu copo por conta do espaço tomado pela peneira, além da dificuldade de higienização embaixo da peneira. Outro ponto a ser notado nessa coqueteleira é que o gelo quebra excessivamente durante o movimento de batida, devido à posição da peneira.

Sobre coqueteleiras, não há uma melhor que a outra, cada profissional deve utilizar a que melhor se encaixar à sua rotina, estilo e ergonomia de trabalho.

Utensílios e equipamentos básicos da coquetelaria

Bailarina

Colher de bar, utilizada para misturar coquetéis, gelar copos e taças e ajudar na montagem de drinks de maneira geral, esse equipamento possui diversos modelos, mas três deles são os principais:

Bailarina clássica

Possui a colher e o cabo em espiral para facilitar o rolar pelos dedos e promover o bailar da concha dentro do copo de mistura ou serviço.

Bailarina com fisga

Tem um garfo na haste para facilitar ao bartender o alcance de azeitonas, cebolinhas e cerejas nos potes de conservas.

Bailarina com moeda

Possui um disco de metal em sua haste para promover o controle da rolagem dos líquidos dentro dos copos em coquetéis montados e misturar delicadamente a homogeneização de alguns coquetéis, como os highballs, por exemplo.

Dosadores/jigger

Os dosadores são ferramentas fundamentais para a prática da coquetelaria. Embora atualmente exista diversos modelos, que vão do japonês (esguio, alto e de dupla medida) até os digitais, o mais importante é que o bartender esteja familiarizado com o equipamento e saiba se este apresenta medidas em unidades internacionais ou imperiais.

Jigger de mesa

Dosador muito utilizado no Brasil, normalmente tem a medida de 50 mL (uma dose). É mais indicado para servir doses e não para medir ingredientes para produção de coquetéis, pois não traz gravada a escala de capacidade em seu interior. Geralmente é utilizado pela garçonaria para servir doses para os clientes nas mesas.

Copo de mistura/mixing glass

Copos de mistura são recipientes onde são homogeneizados ou gelados os coquetéis. Quase todos os drinks da modalidade dos mexidos são preparados neles. Podem ser um jarro com bico ou até mesmo o copo da coqueteleira Boston, mas, atualmente, nos bares mais rebuscados, costumamos ver esses utensílios quase como uma representação de arte, feitos com vidro temperado, cristais e até mesmo com contornos em metais preciosos e pedrarias.

Utensílios e equipamentos básicos da coquetelaria

Peneiras de bar/strainer

São utensílios que servem para fazer uma coagem grosseira no coquetel. Encaixam-se na borda da coqueteleira e impedem a passagem dos materiais sólidos maiores, permitindo que o líquido escorra pelos elos de sua mola. Quando desejamos uma coagem mais fina, utilizamos a técnica de dupla, somando a peneira de bar ao processo.

Coador Hawthorne
Com diâmetro maior e mola com mais elos, tem maior robustez de material e permite que o bartender trabalhe com copos de volumes maiores.

Coador de clipes
Mais fino e com a mola mais aberta, é indicado para uso em copos de mistura mais estreitos.

Peneira de bar
Geralmente com tela metálica, pode ter diversos diâmetros, sendo a mais indicada a que tem formato cônico, que permite a coagem sem os respingos que o formato redondo promove.

Bicos de pour/free pour

Conhecida nos bares brasileiros como biqueiras, podem ser metálicas ou plásticas. Bicos de material plástico são indicados para licores mais densos e cremosos, pois oferecem mais facilidade na higienização com detergentes, que desengorduram o material; já o metálico é mais indicado para destilados e líquidos mais fluidos. Originalmente, foi feito para reduzir o fluxo do líquido e evitar que o bartender derrame a bebida fora do dosador. Durante muitos anos, no Brasil, não havia necessidade desse utensílio, pois as garrafas de bebidas alcoólicas comercializadas possuíam o cap-on, um pino dosador interno que reduzia o risco de transbordo, além de permitir detectar produtos falsos ou de comércio de descaminho. Com a necessidade de reduzir impactos ambientais, as grandes empresas de bebidas optaram por remover esses pinos; assim, será cada vez mais comum encontrar bicos de pour nos bares. Um utensílio de boa qualidade promove a vasão de 10 mL/s (dez mililitros por segundo), o que favorece a contagem de líquido. A prática de contagem de volume derramado é bastante utilizada por bartenders mais experientes em ambientes de grande rotatividade.

Store 'n pour

Ideal para armazenar os insumos utilizados no bar, como sucos, xaropes, polpas, purês de frutas ou sólidos (como açúcar, por exemplo). Podemos encontrar esse utensílio com capacidades entre 500 mL e 5 L. Como sugestão, utilize os maiores para o abastecimento dos menores, pois o peso do líquido pode soltar o bico dosador, causando acidentes no balcão. Os bicos do store 'n pour têm vazão de 1 fl oz/s (1 onça fluida por segundo), o que corresponde a aproximadamente 30 mL/s, entretanto, esse volume pode ser menor quanto mais denso for o insumo.

Utensílios e equipamentos básicos da coquetelaria

Macerador

Utilizado para macerar frutas, hortaliças e demais ingredientes da coquetelaria. Encontramos esse utensílio em diversos materiais, como poliuretano, plástico, metal e até pedra.

Pinça de gelo

Fundamental nas operações de bar, a pinça de gelo não possui garras longas e sim pás lisas, para agarrar o gelo sem que se enrosque na hora de soltá-lo.

Espremedor de frutas cítricas manual

Trata-se de um utensílio bastante comum, entretanto, vale lembrar que seu uso extrai também óleo da casca da fruta, o que deixa o líquido mais amargo e contribui para a oxidação do produto.

Picador de gelo

Fundamental para reduzir blocos de gelo a cubos ou esculpir peças para serviços especiais, podemos encontrar essa peça com 1 ou 3 pontas.

Saca-rolhas sommelier

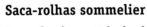

Peça fundamental do bartender, utilizada para sacar rolhas de vinhos e outras bebidas, possui faca para cortar as cápsulas das garrafas, espiral com aproximadamente 5 cm de comprimento e apoiadores em dois estágios, permitindo que o profissional remova rolhas maiores sem o perigo de quebrá-las. Alguns modelos possuem também uma alavanca contrária, que permite a abertura de garrafas tipo pry-off (tampas de cerveja e refrigerantes).

Facas

No bar, utilizamos basicamente quatro tipos de facas para os mais diversos fins. O descascador de frutas é um equipamento próprio para remover cascas de cítricos, como limões e limas, deixando-as com espessura fina o suficiente para guarnições aromáticas e sprays de óleos.

Limpeza de utensílios

O processo de limpar não está somente ligado à lavagem; existe uma série de fatores implícitos nessa operação. A limpeza correta promove a cada utensílio o seu perfeito funcionamento, a preservação de sua aparência original e a extensão de sua vida útil. Dessa forma, utilizar buchas de maneira correta, bem como diluições e concentrações químicas nas proporções indicadas, promovem a longevidade do material e minimizam os custos das operações. Assim, em vez de apresentar a limpeza de cada utensílio, mostramos no quadro 5.1 a rotina de operação indicada para cada material, atendendo assim utensílios que possuem diferentes materiais em sua composição. Cabe ao bartender conhecer os diferentes processos e aplicá-los a cada parte de acordo com suas características.

ATENÇÃO, BARTENDER!

Lembre-se de utilizar luvas sempre que estiver manipulando produtos químicos, como água sanitária ou mesmo detergente sem diluição.

Utensílios e equipamentos básicos da coquetelaria

Materiais	Limpeza
inox	*Material de grande dureza e resistente a altas temperaturas, pode ser limpo com água quente ou fria (sendo a quente mais eficaz para desengordurar a superfície). Panos macios do tipo cross hatch são os mais indicados na limpeza deste material, pois evitam riscos e opalescência do material. Caso o utensílio esteja com manchas, vinagre de álcool e bicarbonato de sódio podem ser utilizados. Manchas de secagem podem ser removidas com um guardanapo macio de papel e álcool.*
alumínio	*Não possui manutenção de brilho como o inox, portanto, pode ser limpo com uma esponja macia e detergente neutro. Quando manchado, vinagre de álcool branco e bicarbonato podem ajudar na remoção das manchas.*
poliuretano	*Equipamentos de poliuretano podem ser higienizados com uma esponja macia e detergente neutro. Após o enxágue, se o equipamento apresentar manchas, utilize uma solução de água com água sanitária na proporção respectiva de 1 L/10 mL (1 litro de água para 10 mililitros de água sanitária). É necessário duplo enxágue após essa operação.*
acrílico	*Para limpeza do acrílico, panos macios umedecidos com solução de água e detergente neutro diluído em 30/1 (trinta partes de água para uma de detergente) é o mais indicado. Enxágues abundantes são bem-vindos para remoção completa do detergente. Se após a operação o material apresentar manchas de secagem, um guardanapo macio de papel e álcool podem ser utilizados para removê-las.*
cobre	*Material que oxida muito rapidamente. Para remover essa oxidação, uma pasta de sal de cozinha e suco de limão pode ajudar. Esfregue a pasta no utensílio e, em seguida, lave-o normalmente com água e detergente neutro, enxaguando bem e secando-o após a operação.*
plástico	*A limpeza do plástico é igual à do acrílico, feita com panos macios umedecidos em solução de água e detergente neutro diluído em 30/1 (trinta partes de água para uma de detergente). Enxágues abundantes são bem-vindos para remoção completa do detergente. Se após a operação o material apresentar manchas de secagem, um guardanapo macio de papel e álcool podem ser utilizados para removê-las.*
madeiras tratadas	*O uso de madeira no setor de alimentos e bebidas não é permitido por se tratar de material poroso, que pode acumular sujidades e bactérias. Entretanto, existe no mercado um material feito a partir de madeiras tratadas, que pode ser utilizado para certos utensílios. Trata-se de um material laminado com o acréscimo de resinas. Para a limpeza desse material, o uso de água e detergente é o mais indicado, porém não é aconselhável o uso de álcool para remoção das manchas, pois o material pode ficar opaco e perder a resistência da resina.*

Quadro 5.1 – Limpeza de diferentes materiais

Bartender profissional: fundamentos e técnicas essenciais

Copos e taças
da coquetelaria clássica

Voltando ao conceito de separar tudo em dois grupos, para estudar os copos, faremos da mesma maneira. Mesmo que depois voltemos a subdividi-los por capacidade para empregá-los às diversas modalidade de coquetéis, a princípio, copos podem ser:

Unfooted (sem pé)

Esta classe de copos compõe os original tumblers, que são genericamente todos os tipos de copos de corpo único, independentemente do tamanho. Geralmente, a largura de sua base não é muito diferente de sua borda.

Footed (com pé)

Esta classe de copos compõe os stemmed glass, ou simplesmente taças, que são todos os copos que possuem uma haste fixada em uma base, independentemente do seu tamanho.

Há muitos grupos ou famílias de taças e copos utilizados na coquetelaria, e listar todos nesta obra seria impossível. No entanto, vamos conhecer alguns dos copos de serviço mais utilizados na coquetelaria clássica e contemporânea, além de algumas de suas características e possibilidades de emprego, que apontaremos como referência aproximada baseada nas categorias de drinks no quadro 5.2 a seguir:

shot drink	Até 80 mL
short drink	Entre 80 mL e 250 mL
long drink	Acima de 250 mL

Quadro 5.2 – Categorias de drinks

ATENÇÃO, BARTENDER!

Toda regra tem suas exceções, não é mesmo? Embora os copos unfooted não possuam apêndices, hastes ou bases, existe um subgrupo que classificamos como copos e possuem tais partes: são as xícaras, ou hot mugs, que utilizamos para coquetéis quentes. Esses utensílios possuem alças de apoio ou suportes que encaixam.

Utensílios e equipamentos básicos da coquetelaria

Rocks ou On the rocks
Copo do cowboy, estilo de beber um destilado sem adição de gelo ou água (embora o Old Fashioned seja um copo melhor para esse serviço), o Rocks é um copo perfeito exatamente para o contrário dessa prática, sendo recomendado para o serviço de aperitivos e destilados com até cinco cubos de gelo.

Miami
Recebe diversos nomes por diferentes empresas, mas é popularmente conhecido pelos bartenders como do tipo Collins – long drinks queridinhos dos bartenders nos bares de grande rotatividade. Esse copo é empilhável, fácil de lavar e ainda encaixa na coqueteleira do tipo Boston.

Old Fashioned
Versátil, embora leve o nome de antigo, é um copo sempre atual, ideal para coquetéis short drinks, doses e serviços de aperitivos.

Long tubo
Um formato mais fino do tumbler, bem esguio. Sua boca mais fechada permite a retenção dos carbonatados suaves, sendo ideal para os mojitos.

Long tumbler, Collins ou tall
Um formato mais amplo dos long drinks, meio genérico; geralmente possui base e borda na mesma medida, mas pode apresentar um leve afunilamento no centro.

Highball large
Um long drink de tamanho intermediário e diâmetro mais robusto, também genérico, atende bem às produções refrescantes de dupla coagem.

Shot
Copo para uma dose. No Brasil, utilizamos comumente a versão em miniatura do americano, com capacidade de 50 mL. Já o tradicional shot de tequila é o Caballito, que geralmente conta com 60 mL, e o Russian Shot Vodka pode ter até 100 mL. Tais diferenças de volume não necessariamente indicam volumes diferentes de serviços, podendo indicar, por exemplo, a necessidade de mais ar no recipiente para concentrar aromas, visto que destilados como a cachaça são mais abertos (aromas mais voláteis) e a vodka, muito mais fechada (aromas mais sutis), portanto, não necessariamente, o shot acima de 50 mL precisa ter o serviço acima deste volume.

CURIOSIDADE

O copo caninha, também chamado de martelinho por conta do som que faz quando os clientes o batem após virar o seu conteúdo, tem uma história muito interessante e pode estar diretamente ligado à criação do Rabo de Galo. Segundo conhecimento de populares e contos que ouvi pessoalmente nos bares do porto marítimo de Santos (SP), a empresa teria desenhado os riscos no copo para indicar a quantidade correta de vermouth e aperitivo de alcachofra em relação à cachaça, para montar um legítimo RDG. Como todos os contos e mitos da coquetelaria são formados dessas histórias, quem sabe não seja verdade?

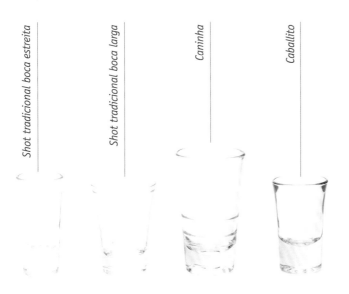

Shot tradicional boca estreita | *Shot tradicional boca larga* | *Caninha* | *Caballito*

Utensílios e equipamentos básicos da coquetelaria

Americano
Quando falamos em copo, é impossível não mencionar esse ícone da vidraria brasileira. Talvez a maioria das pessoas nem faça ideia, mas o copo americano é, na realidade, brasileiro. Seu nome faz alusão à máquina que foi fabricada pelos Estados Unidos por encomenda de uma empresa nacional, que quando posta em operação em São Paulo, em 1947, ganhou o apelido de "máquina americana", daí "copo americano". O copo mais vendido no país representa o Brasil no Museu de Arte Moderna (MOMA) em Nova York, sendo comercializado em vários países. Particularmente, acredito que seja o melhor copo para a produção da Caipirinha, mas isso abordaremos no capítulo 9, quando falaremos da escola brasileira de coquetelaria. O sucesso é tanto que hoje, como a própria empresa que o produz menciona, a família cresceu e tem versões de diferentes tamanhos.

Cup e hot mug
Utilizado para servir hot drinks, não é incomum encontrar versões com suportes metálicos rebuscados e até mesmo com requintes de joalheria, quando passa a se chamar "Toddy".

Taça Hurricane
Queridinha dos clientes, mas não tão amada assim pelos bartenders, a taça oferece uma grafia linda, mas seu estreitamento central dificulta a higienização.

Cocktail glass ou taça Martini
Taças cônicas são objetos da vidraria desde o século XVI. Concebidas por vidraceiros venezianos, elas não saem de moda e continuam agradando bebedores ao redor do mundo. Taças como a Cocktail, ou como alguns a chamam, taça Martini, é quase o traje de gala do Dry Martini, Cosmopolitan e centenas de drinks autorais.

Half Martini
Não tão comum como sua irmã maior, essa taça tem o mesmo formato da Cocktail mas com metade de sua capacidade, perfeita para coquetéis que possuem alto teor alcoólico e requerem um toque de sofisticação.

Coupette
A "Coupezinha", como é carinhosamente chamada por bartenders da velha guarda, é um verdadeiro coringa no bar: estilosa, atemporal e com um volume que permite o serviço de short drinks sofisticados, é um sucesso.

Margarita
A Margarita nasce de uma evolução da Coupette, simplesmente porque o coquetel com o mesmo nome é tão querido que acabou ganhando uma taça própria.

Utensílios e equipamentos básicos da coquetelaria

Taça Flute
Substituta da taça champagne (que se assemelha a uma Coupette), a taça em formato de flauta favorece a retenção das "perlages", pequenas bolhas promovidas pela carbonatação natural de espumantes e champagnes. Essa taça ocupa um lugar e destaque no serviço com coquetéis que levam essas bebidas.

Large Ballon
Apesar de ser uma taça de serviço para brandies e conhaques, atualmente vem sendo muito utilizada no serviço de coquetéis defumados.

Hannover
Uma taça de estilo alemão utilizada no serviço de alguns estilos de cerveja, que empresta seu design para coquetéis feitos com esse ingrediente, como Micheladas, Cozumel e Milongas.

Equipamentos básicos de bar e seus cuidados

Freezers e geladeiras

Para começar a lista de equipamentos de bar, precisamos falar de freezers e geladeiras. Você sabe a diferença entre eles?

Geladeiras são equipamentos que visam conservar os produtos ou mantê-los em uma temperatura ideal para o consumo, preservando suas qualidades gustativas. Nos bares, utilizamos basicamente temperaturas entre 9° C e -9° C para essa operação.

Já o **freezer** tem a função de congelar ingredientes e insumos para preservação e estocagem, o que acontece entre -15° C e -28° C. Trata-se de equipamentos semelhantes com faixas de temperaturas diferentes.

A manutenção desses equipamentos consiste na aferição das temperaturas na abertura e no fechamento do turno, o que permite ao bartender regular o equipamento de acordo com a demanda de abertura de portas, além de detectar problemas com o equipamento a tempo de não perder os insumos, caso perca eficácia de temperatura.

A limpeza desses equipamentos é feita de acordo com o manual de cada um, portanto é fundamental que o bartender solicite o manual ou consulte o manual arquitetônico do local em que trabalha. Na falta destes, o superior imediato é o responsável por disponibilizar o manual para essa tarefa.

Utensílios e equipamentos básicos da coquetelaria

Balcão refrigerado, geladeira, cervejeira e freezer.

Extrator de frutas elétrico

Conhecido popularmente como "espremedor de laranja", esse equipamento precisa ser limpo a cada operação para minimizar os riscos de contaminação por bactérias. Possui geralmente duas medidas de bicos: mais largos, para limas redondas como laranjas e limões tahiti, e mais alongados, para limões sicilianos.

bico para limões   *bico para limas*

Liquidificador

Liquidificadores são equipamentos bastante conhecidos, pois são encontrados na maioria dos lares, entretanto, equipamentos profissionais possuem algumas diferenças em relação ao seu irmão doméstico. Além da robustez que predomina sobre o uso profissional, uma vez que o uso é muito mais elevado, equipamentos comerciais ou industriais possuem teclas de start, stop e temporizadores automáticos, além de, em alguns casos, ter cúpulas de proteção para evitar acidentes. O mais importante para o bartender talvez seja o número de pás na hélice do copo, perceba no quadro:

1 — 4 pás alternadas em altura	2 — 2 pás horizontais	3 — 6 pás, com 2 altas e 4 alternadas
Ideal para frozen e sucos de polpa	Ideal para homogeinização	Ideal para sucos naturais e liquefação de ingredientes

Quadro 5.3 – Funções das pás do liquidificador

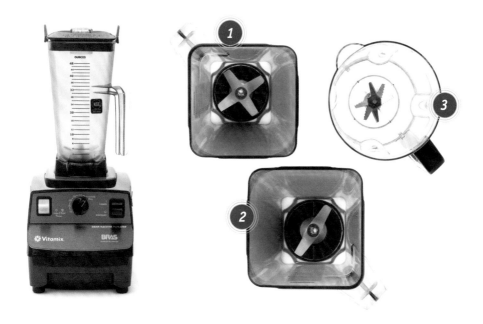

Utensílios e equipamentos básicos da coquetelaria

Máquinas de café

Atualmente, as coffee machines ocupam um lugar de destaque no bar. Podemos encontrar máquinas de café em cápsulas, que não exigem do bartender conhecimentos específicos sobre extração, ou máquinas complexas de extração avançada. Os conhecimentos para operação dessas máquinas podem ser adquiridos em cursos de barista, formação com uma trilha de aprendizagem interessante para bartenders que querem se destacar no segmento.

ATENÇÃO, BARTENDER!

Nem todos os bares possuem máquinas de produção de gelo, pois dependendo da demanda de uso, o equipamento acaba se tornando inviável não só pelo custo de aquisição, mas também pelo consumo de energia. Assim, alguns estabelecimentos optam pela compra de gelo em cubos para suas operações. Nesses casos, é fundamental que o bartender zele pelo produto armazenando-o em ambiente adequado e fazendo o controle de PEPS (primeiro que entra, primeiro que sai).

Máquinas de gelo

A verificação da validade do filtro da máquina e a limpeza periódica desse equipamento devem fazer parte do cronograma de todo bartender profissional. Ações como deixar a tampa da máquina aberta, alocar garrafas para gelar em contato com o gelo interno e apanhar gelo com copos de vidro são ações inconcebíveis. O correto é sempre retirar o gelo da cuba de produção com ajuda de uma pá acrílica ou plástica e alocá-lo em cubas próprias para uso a granel.

108

Limpeza em turnos

Turnos são as divisões dos períodos trabalhados pelos profissionais de alimentos e bebidas. Para facilitar nossa rotina de trabalho, costumamos dividir o turno total em três partes:

turno	descrição
pré-turno	período que precede a abertura da casa e o início das operações do bar. É o momento ideal para verificar se todos os equipamentos e utensílios estão em perfeita ordem, funcionando e no local correto.
trans ou intraturno	período em que o bartender realiza as operações de produção e pedidos de clientes e garçons no caso de um service bar. Nesse momento, as atenções do bartender devem estar integralmente voltadas para o atendimento, desse modo, a limpeza de utensílios e equipamentos pode ser feita de maneira rápida e mais sucinta, sem comprometer a segurança da operação. Nesse momento, polimento e limpeza mais severa não são indicados, pois tomam tempo e atenção do profissional que, como já mencionado, deve estar focado no atendimento direto.
pós-turno	período que compreende o tempo entre o fim do atendimento direto ao cliente e o fechamento da casa ou período (almoço e jantar). É nesse momento que o bartender dedica seu tempo entre os reabastecimentos do bar, as pequenas manutenções, verificações e limpezas completas.

Quadro 5.4 – Turnos de trabalho

ATENÇÃO, BARTENDER!
Existem diversos outros equipamentos que encontramos em bares, como balanças, chaleiras elétricas, estufas, mixers, etc. Todos são importantes e merecem atenção por parte do bartender.

Ferramentas de uso pessoal e segurança do bartender

ATENÇÃO, BARTENDER!

Para fazer a higienização nas bases de equipamentos de pequeno porte, como liquidificadores, mixers e extratores, verifique sempre se o aparelho está desligado da tomada. Jamais molhe bases ou equipamentos energizados.

Os equipamentos e utensílios que vimos até agora são instrumentos fundamentais para o funcionamento dos bares, mas existe ainda outro espaço para catalogar ferramentas fundamentais para os bartenders, os EPIs (equipamentos de proteção individual). Esses equipamentos são responsáveis por manter o trabalhador seguro, ou seja, são todos os acessórios utilizados para manter a segurança, saúde e integridade física do profissional durante as operações.

Dentro desses equipamentos podem ser listados: calçados, luvas de proteção, aventais e bandanas. Uma observação importante nesse quesito é a manutenção desses equipamentos. Perceba que parte deles, como o avental, por exemplo, apesar de serem equipamentos de proteção, compartilham função com o quesito uniforme e, portanto, acaba sendo de responsabilidade de manutenção do próprio usuário. Existe, portanto, uma correlação entre equipamento e perfil responsável do profissional.

 CURIOSIDADE

Quer saber um pouco mais sobre os EPIs e a relação do profissional de bar com os riscos e perigos da profissão?
Ouça o podcast Riscos e Perigos da Profissão Bartender *com a técnica de segurança do trabalho Sueli Cecília Segantin.*

Saideira

Como você pode perceber, as competências do bartender contemporâneo são desenvolvidas de maneira gradual, e cada conhecimento soma-se a outro formando as skills (habilidades) da profissão. Agora que você conheceu parte da história da nossa profissão, os insumos, utensílios e equipamentos de que dispomos para trabalhar, está na hora de começar a aprender a utilizá-los, bem como as técnicas para produzir coquetéis.

Claro que esse é o momento mais esperado por quem estuda coquetelaria, mas acredite, existe ainda uma série de conhecimentos técnicos que não são listados como habilidades manuais: estamos falando das soft skills e da formação do perfil profissional do bartender.

Utensílios e equipamentos básicos da coquetelaria

6 O bartender: relação com o mercado e perfil profissional

Você conhece alguém que em algum momento tenha trabalhado como bartender ou no setor de garçonaria e hoje não exerce mais esse ofício? Se fizer uma rápida pesquisa com seus amigos mais próximos ou familiares, certamente vai descobrir que várias pessoas do seu convívio já trabalharam ou tiveram alguma participação, mesmo que por um curto espaço de tempo, como auxiliares em restaurantes, bares, buffets ou algum tipo de atividade ligada ao setor de alimentos e bebidas. Os famosos "bicos" sempre foram a porta de entrada e continuam sendo a principal fatia de abastecimento de mão de obra para o segmento de alimentos e bebidas no Brasil. Essa prática de mercado, no entanto, apresenta dualidade entre benefícios e prejuízos. Vamos refletir?

GUIA
Conhecer o mercado é essencial para quem quer trabalhar na área, e não se pode negligenciar o conhecimento de normas e legislações. A responsabilidade sempre deve guiar um bom bartender.

Por um lado, o setor desesperado por trabalhadores capta todos os dias uma enorme quantidade de pessoas para conseguir dar conta das demandas operacionais diárias, o que é ótimo para quem procura o primeiro emprego ou precisa de uma renda extra; por outro, agindo dessa forma, os estabelecimentos inundam o setor de colaboradores sem capacitação técnica e que muitas vezes são treinados internamente por outros colaboradores dessa mesma matriz, não oferecendo competências técnicas embasadas e robustas.

O mercado fica cada vez mais despreparado e distante dos serviços de excelência desejados, gerando reclamações por parte dos clientes, que não são atendidos da maneira que gostariam, e pelos contratantes, que esperam competências técnicas ou profissionais que esses colaboradores não possuem.

O bartender: relação com o mercado e perfil profissional 113

Esses fatores, somados a uma grande parcela de contratos informais, gera instabilidade, baixos salários e produz um cenário fácil de entender: o setor de alimentos e bebidas tem grande adesão, mas baixa aderência de colaboradores.

Isso significa que muitas pessoas entram no segmento de bares e restaurantes mas não permanecem, gerando um fenômeno mercadológico e trabalhista chamado great turnover, ou seja, o grande volume de contratações e substituições de colaboradores no quadro operacional da empresa durante um curto período de tempo. Notamos isso quando frequentamos habitualmente um restaurante ou bar e percebemos que há sempre novas pessoas atendendo.

Esse fenômeno por si só desencadeia um processo negativo que inicia com o descrédito dos trabalhadores, que alegam insegurança financeira e profissional e abandonam o setor, que, por sua vez, não consegue padronizar seus serviços, gerando insatisfação nos clientes e prejuízos operacionais em todo o sistema, além do cansaço financeiro gerado por essas substituições. Diante dessas informações, você tem alguma ideia de solução para tais problemas?

O profissional do bar e suas responsabilidades no setor de turismo e hospitalidade

Como acabamos de ver, o setor de alimentos e bebidas é um dos maiores recrutadores de primeiras oportunidades do mercado de trabalho e, devido à necessidade de mão de obra, absorve todos os dias um grande número de colaboradores para atender a essa demanda, sendo o ramo da coquetelaria um ofício dentro dessa subárea.

O bar não é diferente, e oferece um incalculável número de vagas e oportunidades a pessoas que estão em seu primeiro emprego ou buscando uma renda extra para complementar o orçamento familiar. Costuma-se chamar essas pessoas de "extras" ou "freelas" (freelancers), jargões que denominam quem não faz parte do quadro fixo de colaboradores ou quem é chamado para completar a equipe nos turnos de maior movimento ou ainda cobrir folgas e férias das equipes fixas.

É dessa forma que boa parte dos bartenders começa a carreira, mas poucos entre aqueles que trabalham atrás dos balcões servindo drinks possuem competências e habilidades técnicas, tampouco conhecimento de boas práticas de higiene na manipulação de alimentos e bebidas para consumo humano. É uma informação dura, mas completamente verdadeira e relevante, não acha?

No Brasil, assim como em vários países, as bebidas são, por lei, consideradas alimentos. Assim, antes de mais nada, o bartender é um manipulador de alimentos para consumo humano e, portanto, deve seguir as mesmas boas práticas sanitárias que os chefs de cozinha, cozinheiros e todos os outros profissionais que produzem, preparam e servem alimentos.

Ainda assim, não é o que vemos nos bares, sejam rebuscados ou populares: o bartender quase nunca assume uma postura preocupada com o bem-estar físico de seus clientes e no que tange à qualidade das operações de higienização dos insumos, equipamentos, utensílios e até mesmo das vestimentas. Raramente vemos algum tipo de preocupação desses profissionais ou a cobrança dos

O bartender: relação com o mercado e perfil profissional

estabelecimentos em relação a essas questões. As exceções ficam a cargo de alguns bares de hotéis, franquias e estabelecimentos que possuem em seus cargos altos profissionais de carreira que estudaram academicamente os processos necessários para as operações de A & B (alimentos & bebidas).

Esses locais certamente contam com manuais de boas práticas e treinamentos internos, que não somente contemplam as exigências da lei, mas valorizam o colaborador, disponibilizando a ele conhecimentos e competências para que seja capaz de desempenhar seu papel sem oferecer riscos à saúde dos clientes nem a si mesmo.

Anvisa: um importante aliado na profissionalização do bartender

ATENÇÃO, BARTENDER!

Ficou curioso? Acesse o link a seguir e acompanhe a Resolução nº 216, de 15 de setembro de 2004 (Brasil, 2004), que dispõe sobre o regulamento técnico de boas práticas para o serviço de alimentação.

Agora você já sabe que além de preparar drinks e "comandar as barras" (termo referente aos bartenders responsáveis pelos bares), também deve cumprir todos os protocolos de segurança dos alimentos que estão previstos em lei.

Conhecer a Resolução nº 216, de 15 de setembro de 2004 (Brasil, 2004) é fundamental para um bartender profissional, pois ela é a referência em território nacional e orienta os procedimentos mais adequados para a excelência do trabalho que envolve a manipulação dos alimentos.

Reserve um tempo para ler na íntegra esse importante documento e fazer um comparativo com seus hábitos de trabalho. Veja no quadro 6.1 alguns pontos importantes do documento.

Sobre	O que diz a lei
Barba, cabelo, unhas, brincos e piercings	*Os manipuladores de alimentos devem usar os cabelos presos e protegidos por redes, toucas ou outro acessório apropriado para esse fim, não sendo permitido o uso de barba. As unhas devem estar curtas e sem esmalte ou base. Durante a manipulação dos alimentos, devem ser retirados todos os objetos de adorno pessoal e maquiagem.*
Higiene pessoal, manipulação higiênica dos alimentos e doenças transmitidas por alimentos	*Os manipuladores de alimentos devem ser supervisionados e capacitados periodicamente nesses assuntos. A capacitação deve ser comprovada mediante documentação.*
Fumo ou hábitos tabagistas	*Os manipuladores de alimentos não devem fumar, falar desnecessariamente, cantar, assobiar, espirrar, cuspir, tossir, comer, manipular dinheiro ou praticar outros atos que possam contaminar o alimento durante o desempenho das atividades.*
Limpeza e armazenamento	*Os serviços de alimentação devem implementar Procedimentos Operacionais Padronizados relacionados aos seguintes itens: a) higienização de instalações, equipamentos e móveis; b) controle integrado de vetores e pragas urbanas; c) higienização do reservatório; d) higiene e saúde dos manipuladores.*
Responsabilidades	*O responsável pelas atividades de manipulação dos alimentos deve ser o proprietário ou funcionário designado, devidamente capacitado, sem prejuízo dos casos em que há previsão legal para responsabilidade técnica.*

Quadro 6.1 – Pontos de atenção da Resolução nº 216, de 15 de setembro de 2004.
Fonte: adaptado de Brasil (2004).

Quando percebemos a nossa responsabilidade dentro de um bar, passamos a olhar para a profissão de bartender de outra forma, como um serviço importante e sistêmico que vai muito além da diversão e de servir drinks. O verdadeiro profissional de bar é, antes de tudo, responsável.

O bartender: relação com o mercado e perfil profissional

Campos de atuação do bartender

Diante de um mercado aberto e competitivo, que exige muita criatividade na oferta de serviços, às vezes é difícil fazer um panorama geral do campo de atuação do bartender. Já entendemos que somos manipuladores de alimentos e que temos responsabilidade sobre o perfil mercadológico de contratações de um dos maiores setores econômicos do mundo. A partir de agora, abordaremos as possibilidades de atuação por meio de um caminho fácil de trilhar, falando um pouco da história e, quem sabe, ainda descobriremos um ou outro novo nicho em que possamos atuar com nossa expertise.

Se existe bebida, existe bar; logo, há um bartender. Seguindo esse raciocínio, nem precisaremos de uma linha do tempo para chegar ao início da profissão de bartender. Aqui, não pretendemos abordar de maneira intrínseca a história da coquetelaria, e sim as competências técnicas que atualmente nos levam a um cenário vitorioso e de alto nível técnico profissional no desempenho dessa profissão. A principal questão a ser esclarecida é: como começamos a nos reconhecer como profissionais e onde podemos trabalhar?

A resposta é, ao mesmo tempo, simples e complexa. Para se assumir uma postura profissional verdadeiramente assertiva como bartender, não basta apropriar-se de boa vontade, como o mercado vem fazendo. O profissional precisa adquirir uma coletânea de conhecimentos sobre os materiais de trabalho que, como vimos, vai muito além de coqueteleiras e bailarinas e, ainda, fazer uma imersão técnica e cultural acerca dos insumos. Ao bartender de carreira não basta "desenrolar" o drink, como popularmente o mercado de baixa capacitação costuma falar. Muito pelo contrário, cada entrega feita

ATENÇÃO, BARTENDER!

Muitos desconhecem as portarias, resoluções e normas da Anvisa ou as considera desnecessárias e sem relevância, mas esses documentos são tão importantes e bem redigidos que serviram de base para muitos países formularem suas legislações sanitárias atuais. O Brasil é um dos maiores exemplos no assunto de regulação sanitária no mundo, trabalhando inclusive com cooperação internacional. Para saber mais, leia o artigo a seguir no site da Anvisa.

pelo verdadeiro profissional de bar deve conter, além de conhecimentos técnicos da produção (que veremos mais adiante), uma soma de outras marcas formativas e hábitos profissionais sustentados por quatro pilares: responsabilidade, viabilidade, cultura e prazer. Esses pilares, depois de absorvidos como conhecimentos técnicos (skills), compõem uma trilha formativa que afasta de vez o bartender do pior inimigo do mercado e do profissional de bar, o amadorismo. Vamos conhecer um pouco cada um desses pilares.

Responsabilidade

Quando falamos em responsabilidade, nos referimos não somente às questões sanitárias supervisionadas pela Anvisa, mas também à responsabilidade legal e física da entrega de bebida alcoólica, que se trata de uma droga lícita e, segundo a Organização Pan-Americana de Saúde (Opas), representa mais de 5% das mortes mundiais e totaliza 3 milhões de mortes todos os anos (Opas, 2023). Lembrando ainda que vender, entregar ou facilitar o acesso de bebidas ou produtos que contenham álcool a menores de 18 anos é crime. Essas são apenas algumas das responsabilidades legais ao se trabalhar com álcool.

Esse pilar não sustenta apenas responsabilidades sociais e legais, mas uma série de responsabilidades que, apesar de parecerem óbvias, entram nas principais competências pertinentes aos profissionais de bar, tais como: compromisso e responsabilidade com seu cargo e função; respeito ao horário contratado; manutenção, limpeza e zelo com sua estação de trabalho e materiais de uso pessoal; tratamento cordial, empático e respeitoso com seus colegas e superiores; proatividade, comunicação assertiva e não violenta no ambiente de trabalho; comportamento e ações de pertencimento ao setor, que podem ser traduzidas como vontade e interesse contínuo de aperfeiçoamento e crescimento profissional por

ATENÇÃO, BARTENDER!

O Decreto nº 6.117, de 28 de maio de 2007, dispõe sobre as medidas para redução do uso indevido de álcool. Não deixe de ler a lei na íntegra para adquirir conhecimentos que podem salvar vidas.

meio de capacitações, treinamentos, cursos e interação com novidades de mercado. Trata-se de atitudes simples que estão mais ligadas a comportamentos éticos e comprometimentos sociais do que a habilidades técnicas, mas representam a maior parte das queixas e dos motivos de desligamento nas empresas do segmento.

Imagine agora um bar de grande movimento e fluxo de venda de cervejas de garrafa, como habitualmente vemos por aí. Acontece que nesse bar, o bartender não percebe que seu abridor de garrafas está velho e desgastado, gerando uma pequena lasca de vidro na boca de várias garrafas vendidas. Esse é um caso clássico em que a falta de atenção demonstra incompetência em pelo menos dois pilares: tanto na responsabilidade, impactando na segurança do cliente, que pode se ferir ao ingerir o pedaço de vidro, quanto na viabilidade, que veremos a seguir, pois o cliente irá solicitar a troca do produto caso consiga perceber o problema antes de se machucar.

Viabilidade

A viabilidade é um pilar que está diretamente ligado aos fatores financeiros da empresa. No mundo da administração de bares e restaurantes, costuma-se referir ao setor de preparo de bebidas como "ralo de segmento". Isso porque praticamente todos os restaurantes, lanchonetes e congêneres possuem um bar ou uma copa para preparar e servir bebidas aos clientes, onde diversos fatores e operações de trabalho realizadas de maneira não assertiva pelo bartender fogem do controle de custos e operações e prejudicam a saúde financeira dessa empresa, levando o lucro a "escorrer pelo ralo".

Até pouco tempo atrás, as gerências de operações dos estabelecimentos esperavam do bartender somente a qualidade do produto servido, mas atualmente, com as novas demandas e os modelos atuais de gestão, o mercado exige um olhar mais sistêmico e integral sobre o funcionamento do setor e deseja, na maior parte das vezes, que o profissional realize a microgestão dos seus serviços, compreendendo que cada ação que ele toma impacta diretamente no centro de custos da empresa e na qualidade do seu trabalho. O bartender deve assumir um papel mais preocupado e atento aos gastos desnecessários e adotar uma postura empreendedora e sensível a esse tema.

Veja no quadro 6.2, a seguir, algumas das principais competências que devem ser observadas sob o pilar da viabilidade.

Competências	Ações positivas
Economia de insumos, serviços e recursos naturais	• Seguir as diluições e o uso de detergentes e saponáceos durante as operações de limpeza de materiais de bar, seja manual ou mecanizada. • Não deixar a torneira aberta durante operações que não necessitem de água corrente. • Realizar as tarefas de rotina de maneira ágil sem impactar na qualidade. • Realizar a gestão de descarte coletivo ou minimante agressivo.
Respeito às fichas de produção e aos serviços de bebidas	• Seguir as fichas técnicas. • Seguir as medidas de doses conforme orientação gerencial. • Seguir a regra do PEPS (primeiro que entra, primeiro que sai), evitando assim o vencimento de produtos no setor. • Não conceder vantagens ou benefícios a clientes sem aprovação gerencial ("chorinhos", "saideiras" ou brindes etílicos).
Microgestão de utensílios e equipamentos	• Realizar pequenos reparos de equipamentos (aperto de parafusos, regulagem de altura de mesas, bancadas e balcões). • Informar o mais rápido possível sobre qualquer quebra ou não funcionamento de equipamentos (preferencialmente de maneira formal, por meio de documentos operacionais). • Realizar a contagem para o inventário de utensílios. • Informar sobre baixa de utensílios (quebra de copos, taças, jarros, etc.), preferencialmente com registros formais.
Atenção às preferências de consumo e à comunicação interna relacionada a esse fator	• Observar os itens de maior venda e se programar para o abastecimento, evitando assim deixar de servir o produto da maneira correta, como por exemplo, quando o estabelecimento vende mais refrigerantes de cola e não abastece as mesmas quantias de refrigerantes diversos. • Avisar a gestão quando um item não tem saída. • Avisar a gestão quando um item tem seu tempo de preparo muito alto, atrapalhando outras operações. • Não esperar um produto acabar para solicitar sua aquisição.

Quadro 6.2 – Competências e ações positivas sob o pilar da viabilidade

O bartender: relação com o mercado e perfil profissional

ATENÇÃO, BARTENDER!

Um dos sucos mais solicitados pelos clientes é, sem dúvida, o suco de laranja. Seja natural (somente o suco extraído da fruta, sem nenhuma adição), com gelo ou completo (gelo e açúcar), o suco é unanimidade nacional, talvez até mundial. Agora vamos imaginar um restaurante de médio porte que venda durante suas operações diárias 20 sucos de laranja, o que representa um número relativamente baixo para o mercado.

Na operação, o bartender tem o hábito de extrair um pouco mais do que o necessário para encher o copo de 300 ml, o que representa meia unidade de fruta. O que para leigos pode não significar muito, se for analisado em termos de microgestão, veremos que na verdade, o bartender está gerando um grande impacto financeiro para a empresa. Confira a conta abaixo:

½ Laranja x 20 sucos = 10 Laranjas

10 Laranjas x 2 operações (almoço e jantar) = 20 Laranjas

20 Laranjas x 6 dias por semana (que o restaurante abre) = 120 Laranjas

120 Laranjas x 51 semanas (que o restaurante trabalha por ano) = 6.120 frutas inteiras

No estado de São Paulo, por exemplo, a laranja-pera, que é habitualmente usada para fazer suco, é comercializada em caixas de 20 kg. Cada caixa contém aproximadamente 100 unidades da fruta. Isso significa que o hábito desse bartender gera por ano a quebra (como é chamado, em gestão de operações, o descarte ou uso inapropriado) de 12 caixas inteiras de laranja. Mesmo que esse suco seja utilizado para consumo interno, representa um grande problema para a saúde financeira da empresa.

Cultura

Pelo conceito sociológico, cultura é basicamente toda criação humana, desde as ideias até as vestimentas, porém, poucos setores comerciais exploram e são tão explorados quanto a cultura gastronômica. Comidas e bebidas diferentes sempre fascinaram a mente e o paladar. A cultura gastronômica é o que caracteriza um povo, local ou até mesmo um bairro, pois reflete suas necessidades, ofertas, costumes e preferências, e isso certamente é o que deixa esse eixo cultural tão especial e promissor.

Por exemplo, talvez você não conheça a cultura da Itália, não fale a língua italiana ou saiba muito sobre a moda, os costumes, a arte ou a política do país; entretanto, se ouvir falar da gastronomia italiana é como se uma chave fosse virada e imediatamente seu inconsciente será tomado de imagens de massas, lasanhas, risotos, pizzas e tudo o que foi introduzido em nossa mesa por meio da migração e do mercado de alimentos. Com a coquetelaria não é diferente, uma vez que as bebidas oferecem, além das técnicas de produção, tanta importância social, econômica e cultural quanto os alimentos. Por esse motivo, venho usando há mais de dez anos o termo "gastronomia líquida".

Quando um bartender se embasa culturalmente sobre seus insumos e produtos, não só passa a ofertar melhor suas produções aos clientes como também valoriza e promove a cultura e o valor de sua profissão. Na prática, beber um Negroni é sempre bom, mas beber um Negroni conversando com o bartender, enquanto ele explica sobre um bitter, sua origem e complexidade e escolhe atentamente um vermouth X ou Y, encanta e mostra o valor e a beleza da coquetelaria. Por esse motivo, a cultura ocupa um papel importante na coquetelaria e na vida profissional de um bartender; é o que o diferencia e separa de um mero reprodutor de receitas, além de permitir a esse profissional criar e fazer releituras de obras clássicas e contemporâneas – termos que atualmente são muito utilizados na coquetelaria e que podem servir de gancho para pendurar mais uma vez a importância do saber cultural.

Imagine duas situações distintas: em um bar, temos um bartender que não se preocupa em se apropriar da história dos coquetéis clássicos, seus insumos, suas matérias-primas e características sensoriais, tampouco estudou sobre a estrutura da coquetelaria e não detém conhecimentos técnicos sobre finalidades, modalidades e categorias de produção. Em outro bar, temos um bartender que, além dos conhecimentos técnicos da coquetelaria clássica, conhece a fundo as bebidas, suas histórias, os métodos de produção e as características sensoriais e, justamente por isso, desenvolveu um profundo respeito às preferências pessoais dos clientes. Em qual dos dois balcões você gostaria de se sentar e pedir um coquetel autoral? Fica muito fácil de decidir, não é? Imagine então no caso da releitura que, segundo os conceitos da gastronomia, representa uma técnica que permite uma nova ótica sobre uma criação já existente e consolidada. Como pode um bartender reler uma obra sem conhecê-la? É impossível reler algo que nunca foi lido. Assim, fica clara a importância do pilar da cultura.

Prazer

Este talvez seja o pilar mais complexo de ser abordado, principalmente porque não estamos acostumados a relacionar prazer à rotina de trabalho. Vamos, mais uma vez, interpretar a palavra em sua verdadeira essência: prazer é um substantivo que, na nossa cultura, diz respeito a algo agradável, alegre, de contentamento, vontade ou divertimento. Pense em uma situação que vemos todos os dias: você já foi atendido por alguém que nitidamente não queria estar ali atendendo? Em outras palavras, você já percebeu que alguns atendentes de bares, restaurantes, lanchonetes e afins parecem não gostar do que fazem, ou mais do que isso, parecem ser obrigados a realizar o trabalho? Essa situação representa um dos problemas mais comuns no segmento da coquetelaria.

O descontentamento no setor, promovido por vários fatores, alguns dos quais já vistos aqui, promove um sentimento de ausência de pertencimento do profissional à área. Diferentemente do pilar da responsabilidade, em que o pertencimento está ligado ao interesse por capacitação técnica propriamente dita, no pilar do prazer, o pertencimento está diretamente ligado ao querer estar ali, sentir-se feliz no que faz, transparecer verdadeiramente que gosta da profissão e sente alegria ao desempenhá-la. É claro que felicidade não é um estado constante e ninguém é feliz o tempo todo, tampouco somos obrigados a sorrir em todos os momentos, mas precisamos entender que atender no setor de alimentos e bebidas, seja no salão ou no balcão, é lidar com pessoas, ora agradáveis, ora não, e que irá encontrar essas pessoas no melhor ou no pior momento de seus dias, fatores que, regados a álcool, podem ser potencializados. Portanto, para desenvolver esse último pilar, é necessário que o profissional de bar, além de conhecer o setor e estar munido de conhecimentos técnicos, também tenha prazer em fazer parte dele, que compreenda o valor e a importância de seu trabalho.

Perfil profissional e tipos de bares

Diante de todos os fatores que cercam o setor do balcão, fica claro que o perfil profissional do bartender é composto pela somatória de conhecimentos e habilidades que, depois de desenvolvidas, permitem encontrar o melhor nicho de mercado para atuar com êxito e no qual poderá estabelecer uma relação assertiva com a profissão e o mercado de trabalho. Existe uma enorme diferença entre os estabelecimentos que oferecem balcão. Podemos tomar como exemplo um bar de hotel e um bar de rua: perceba que ambos comercializam praticamente os mesmos produtos, mas o fazem de maneiras diferentes. Isso acontece pelas próprias características, pelas demandas e pelos públicos de cada um; diferenças que refletem diretamente no perfil profissional do bartender, fazendo com que ele se sinta mais ou menos pertencente a determinado nicho de mercado.

O bartender: relação com o mercado e perfil profissional

ATENÇÃO, BARTENDER!

Durante a leitura dos tipos de bar a seguir, talvez você consiga notar o seu microperfil. Tente se imaginar trabalhando em cada um dos estabelecimentos. Certamente, alguns lhe agradarão mais do que outros.

Quando falamos em perfil profissional, não devemos nos ater somente ao domínio técnico do bartender, visto que tal fator deve ser amplamente desenvolvido para o ofício em todos os segmentos. Para compor esse perfil, somamos fatores de convívio e relação do profissional com o local de trabalho, tais como: horário e escala dos turnos, cultura dos clientes, modelo de negócio e produtos comercializados, volume de produção desses produtos, entre muitos outros. É pelas características de cada bar que podemos identificar diferentes microperfis que ajudam o bartender a se integrar e se sentir interessado e realizado em seu trabalho. Vamos conhecer alguns tipos de bares e suas características.

Taverna

Foram os primeiros estabelecimentos da história que se assemelhavam a bares. Originados da tradição romana, esses locais foram também os precursores dos restaurantes, oferecendo uma combinação de comida, vinho e cerveja. Atualmente, o termo taverna é frequentemente associado a bares que adotam uma atmosfera medieval ou rústica, que reflete tanto na decoração quanto nos cardápios e nas cartas. No entanto, as primitivas tavernas e suas práticas de atendimento são relíquias do setor de alimentos e bebidas.

Pub

Etimologicamente, pub tem origem na abreviação de public house. São estabelecimentos de perfil britânico que tradicionalmente se destacam pela oferta de cervejas, apresentando uma extensa variedade de estilos. Um pub se dedica a satisfazer uma ampla gama de preferências, oferecendo diversas marcas e faixas de preço. A estética desses locais segue um padrão mais tradicional, buscando criar uma atmosfera acolhedora, prezando por mesas espaçosas e banquetas com qualidade superior, evidenciando o compromisso em proporcionar um ambiente aconchegante e confortável. Esse estilo de bar tende a atender o habitué (termo francês utilizado para definir um cliente recorrente e fiel) e, embora o forte do estilo sejam as cervejas, frequentemente o bartender atende a pedidos de coquetéis clássicos, principalmente na categoria aperitivo short drink.

Bar americano

Amplamente tradicional, reconhecido e emblemático, nele, destaca-se a quantidade e variedade de bebidas ao fundo, colocando o bartender como protagonista que habilmente prepara coquetéis clássicos e contemporâneos. É frequentado por toda gama de clientes, desde os que preferem ficar só ocupando as cadeiras altas ao balcão, até grupos maiores, que têm à disposição mesas estrategicamente dispostas pelo salão, sendo atendidos por garçons. A gastronomia nesse tipo de estabelecimento tende a ser descomplicada, uma vez que a ênfase reside na diversidade de bebidas. Esses locais são especialmente reconhecidos por suas promoções durante o happy hour, que podem ocorrer semanalmente ou diariamente. Estratégias como oferecer chope a preços mais acessíveis à noite ou promoções como drinks em dobro são utilizadas para atrair e fidelizar a clientela, e o horário de atendimento tende a ser estendido madrugada adentro.

Botequim

Bar de estilo genuinamente brasileiro, o botequim é praticamente uma instituição e representa muito mais para nossa cultura que um mero comércio de alimentos e bebidas. O "boteco", como é carinhosamente chamado, geralmente conta com mesas de plástico ou de madeira. Relativamente simples, seu balcão quase sempre

O bartender: relação com o mercado e perfil profissional

é de pedra e está repleto de vidros de conservas, que dividem espaço com uma estufa onde pastéis, coxinhas, kibes, bolovos e torresmos estão prontos e à espera de clientes famintos. Além disso, não é incomum que ofereçam PFs (pratos feitos) e porções da gastronomia popular, como moela, frango à passarinho e toda diversidade de frituras. No serviço de bebidas, a cerveja de garrafa é quase unanimidade, e o bartender desse segmento provavelmente vai dedicar horas e horas ao preparo de Caipirinhas, Espremidas de limão, Marias-moles, Rabos de Galo, conhaques com cacau; ou ainda, aperitivos como vermouths compostos, conhaques de alcatrão, garrafadas e obviamente, as branquinhas.

Tap house

O termo tap refere-se às torneiras de chope; logo, tap house é um estabelecimento especializado na oferta exclusiva de chope ou cerveja embarrilados. Geralmente, o local não oferece cervejas engarrafadas ou coquetéis. Entretanto, esse cenário pode mudar quando o local conta com um bartender, pois o profissional pode se beneficiar de todos os estilos de cerveja que tiver à disposição e trabalhar com uma rica carta de coquetéis que levem a cerveja como matéria-prima, tais como Micheladas, biershakes e shots submarinos. Esse modelo de bar está significativamente em alta no Brasil.

Snackbar

Snackbar é um estabelecimento que serve lanches rápidos e alimentos variados. No Brasil, é geralmente comparado a lanchonetes, visto que suas características específicas se assemelham e, de maneira geral, ambos possuem um cardápio misto e uma variedade de opções de sanduíches, salgadinhos e até itens mais substanciais, como lanches no prato e porções de fritas. O atendimento deve ser relativamente rápido e visa atender passantes situacionais (clientes ocasionais que estão de passagem). A ambientação é descontraída e casual, permitindo que os clientes desfrutem de suas refeições de maneira informal. Além disso, muitos snackbars têm horários de funcionamento estendidos ou até mesmo atendimento 24 horas, praticam preços acessíveis se comparados a restaurantes, e contam com uma boa quantidade de bebidas. Entretanto, em geral, são bebidas engarrafadas prontas para o consumo, como cervejas, ices, soft drinks (refrigerantes), sucos, cafés e chás, o que limita bastante a atuação do bartender.

Gastrobar

Gastrobar é um estabelecimento que combina elementos de um bar tradicional com características de um restaurante gastronômico. Essa fusão cria um ambiente mais sofisticado e oferece uma experiência gastronômica mais completa. Os gastrobares geralmente se destacam por oferecerem um cardápio diversificado que vai além dos aperitivos tradicionais, apresentando pratos criativos e bem elaborados, muitas vezes inspirados na culinária internacional e assinados por um chef. A seleção de bebidas costuma ser premium, incluindo uma extensa carta de vinhos, cervejas artesanais, coquetéis e destilados de alta qualidade, o que representa um cenário ideal para o trabalho de um bartender profissional. O ambiente é aconchegante e estilizado, com decoração refinada, assentos confortáveis, iluminação ambiente e uma atmosfera acolhedora. Conta também com atendimento personalizado, uma equipe bem treinada e conhecedora dos pratos e bebidas oferecidos, proporcionando um serviço de alta qualidade. Muitos gastrobares oferecem também música ao vivo, eventos especiais, noites de degustação, e costumam funcionar até tarde da noite para atender a clientes que buscam uma experiência noturna prolongada.

O bartender: relação com o mercado e perfil profissional

Sport bar

Trata-se de um tipo de estabelecimento que combina elementos de um bar tradicional com entretenimento relacionado a esportes. Normalmente, possui várias televisões de tela grande ou telões exibindo uma variedade de eventos esportivos ao vivo, criando uma atmosfera vibrante para os fãs assistirem a jogos, partidas e eventos esportivos. A decoração geralmente é temática, com memorabilia esportiva, bandeiras e camisetas autografadas adornando as paredes. O cardápio pode oferecer uma variedade de opções, desde aperitivos e petiscos até pratos principais, muitas vezes com nomes temáticos relacionados a esportes. A seleção de cervejas é diversificada, incluindo opções artesanais e importadas, e o menu de bebidas alcoólicas é amplo e requer atenção e conhecimento por parte do bartender. O ambiente em um sport bar é animado e energético, especialmente durante eventos esportivos importantes. Caracterizado por música alta, comemorações, gritaria e interações entre os clientes. Além dos eventos esportivos, alguns estabelecimentos oferecem entretenimento adicional, como mesas de sinuca, pebolim, videogames ou noites de karaokê. Happy hour com descontos em bebidas e promoções especiais durante eventos esportivos são comuns para atrair mais clientes. Alguns sport bars têm áreas designadas para grandes grupos ou festas, proporcionando um ambiente mais privado para eventos especiais. Os funcionários podem, em alguns casos, usar uniformes relacionados a esportes, como camisetas de times ou outros trajes temáticos.

Only drink bar

Nesse tipo de estabelecimento, o que importa é o ato de beber; não comercializa comidas, nem mesmo petiscos. Conversas não são bem-vindas e raramente há música. A única atração é mesmo a bebida, portanto, tudo que possa atrapalhar o ato de beber não é bem-vindo. É um estilo de bar tipicamente americano, e o hábito e a cultura de amistosidade e festa não convive muito bem com esse modelo de negócios, portanto, é praticamente impossível encontrar esse segmento aberto atualmente.

Music bar (dance bar, boate, night club)

Dance bar é um termo que pode ser interpretado de diferentes maneiras, dependendo do contexto cultural e geográfico. Em alguns lugares, refere-se a estabelecimentos noturnos aonde as pessoas vão para dançar e se divertir. Esses locais geralmente possuem uma pista de dança animada, com música ao vivo ou DJs, criando um ambiente contagiante. O bartender é parte essencial do segmento, oferecendo uma variedade de bebidas alcoólicas e não alcoólicas. A atmosfera é muitas vezes aprimorada por uma decoração colorida e iluminação beirando o exagero. Alguns dance bars podem ter códigos de vestimenta específicos, e a segurança é uma consideração importante devido à natureza noturna e ao consumo de álcool. O horário de funcionamento geralmente se estende até as primeiras horas da manhã, contribuindo para a experiência noturna. Vale ressaltar que as características podem variar com base na cultura, localização e nas leis locais, com diferentes regulamentações em vigor.

Promenade bar

Embora esse estilo de bar seja em alguns lugares classificado como típico europeu que serve cafés, chás e grogs (coquetéis genericamente feitos com chás ou cafés quentes e algum destilado como rum escuro) geralmente em calçadas e locais abertos, quando buscamos a tradução do termo, encontraremos outras definições, que podem ser mais assertivas para o segmento no Brasil. A palavra promenade tem origem no francês e pode ter diferentes significados em português, dependendo do contexto. Entre eles estão: passeio, passear, passeio público ou coletivo, podendo referir-se a um passeio ao ar livre, em uma área pública ou um local de lazer. Em alguns casos, especialmente em contextos mais antigos, promenade pode se referir a um salão de baile ou a uma área onde as pessoas socializam durante eventos. Assim, podemos traduzir promenade bar como um dos mais presentes nichos de atuação do bartender: os bares itinerantes, ou seja, bares de eventos e festas que abrilhantam anualmente milhares de casamentos, aniversários, open houses e outras centenas de eventos sociais.

Litlle bar / mini bar / frigobar

Apesar de serem mais conhecidos como móveis e estações fixas de mercadorias prontas que têm por objetivo atender suítes de hotéis e congêneres, no cenário atual em que mudanças mercadológicas são cada vez mais presentes, os coquetéis montados para viagem ou mesmo com prazo de validade ajustados para atender a essas necessidades são cada vez mais comuns. Talvez, dentro de pouco tempo, se torne uma realidade encontrar coquetéis prontos e engarrafados, produzidos e assinados por bartenders, dentro de mini bares.

Piano bar

O piano bar combina a atmosfera de um bar clássico com apresentação de um pianista no espaço central do ambiente. Geralmente, esses bares têm uma atmosfera íntima e aconchegante, proporcionando um ambiente relaxante para os clientes desfrutarem de um repertório amplo e diversificado, adaptando-se aos diferentes gostos musicais do público. Em alguns casos, a participação do público é encorajada, permitindo pedidos de músicas ou até mesmo convidando clientes para se juntarem ao pianista para cantar. Além da música, o piano bar, que atualmente acolhe também outros instrumentos de cordas e sopro, oferecem um cardápio de bebidas que inclui uma variedade de opções alcoólicas e não alcoólicas. Essa combinação de música ao vivo e bebidas cria uma experiência social ótima, tornando o estilo uma opção popular para entretenimento noturno.

Wine bar

Um wine bar se dedica em destacar o vinho como protagonista do estabelecimento, proporcionando aos clientes uma experiência centrada nessa bebida. Geralmente oferece uma ampla seleção, incluindo variedades de tintos, brancos, rosés e espumantes, provenientes de vinícolas de diferentes regiões do mundo.

Além disso, muitos wine bars complementam a oferta de vinhos com alimentos como queijos, azeites, pães e petiscos que harmonizam com as bebidas. O ambiente costuma ser aconchegante e sofisticado. A equipe de um wine bar geralmente é treinada e conhecedora de vinhos, capaz de fornecer recomendações e informações sobre as opções disponíveis. Algumas instalações oferecem degustações guiadas ou eventos especiais com enólogos e especialistas em vinhos. Costumam também realizar eventos como noites de degustação, lançamentos de safras, harmonizações de vinhos e jantares temáticos.

Em termos de infraestrutura, um wine bar geralmente possui uma adega bem-organizada e cuidada, garantindo que os vinhos sejam armazenados nas condições ideais para preservar suas características. Em geral, o trabalho do bartender neste segmento é complementar e pouco procurado. Esse fator pode representar uma ótima oportunidade de trabalho, porque um profissional de bar criativo pode se valer dos vinhos de boa qualidade para criar uma carta de bebidas exclusivas e mostrar que não existe fronteiras para a coquetelaria, quebrando um paradigma preconceituoso de que vinhos não ocupam lugar nos coquetéis.

Bar temático

Oferecendo uma experiência única para os clientes, o estilo utiliza elementos específicos que refletem um tema escolhido. A decoração desempenha um papel crucial, incluindo arte nas paredes, mobiliário temático e iluminação específica. Os funcionários podem vestir uniformes e até mesmo imitar personagens de acordo com o tema para reforçar a atmosfera. O cardápio reflete o tema não apenas nas bebidas, mas também nos nomes dos pratos e na apresentação dos alimentos. A música desempenha um papel importante no estilo, alinhando-se ao tema para criar uma experiência mais imersiva. Eventos especiais, como noites temáticas e festas a fantasia, são comuns para atrair o público. A criação de coquetéis exclusivos e bebidas temáticas é uma estratégia para destacar a proposta do bar, bem como as áreas de fotografia que habitualmente são designadas para incentivar o compartilhamento nas redes sociais.

Café bar

Combinando elementos de uma cafeteria e de um bar, o local permite às pessoas desfrutarem de uma carta de bebidas alcoólicas composta por vinhos, cervejas, coquetéis e licores em conjunto com uma ampla seleção de cafés, como espresso, cappuccino, latte, cold brew e moca. No cardápio, petiscos, sanduíches e bolos são as estrelas do segmento. O ambiente costuma ser intimista e confortável, o que propicia a longa permanência dos clientes que, por vezes, utilizam o espaço para estudo, trabalho remoto ou reuniões de longa duração intervalando as atividades com pedidos de alimentos e bebidas. Os horários de funcionamento podem ser flexíveis, abrindo desde as primeiras horas da manhã até a noite e, não raramente, em grandes metrópoles, encontramos locais que trabalham 24h ofertando um serviço amigável e eficiente.

Swimming pool bar (bar de piscina)

Os bares de piscina são espaços que oferecem lazer e entretenimento em torno de áreas aquáticas. Podem ser localizados no entorno de piscinas artificiais ou naturais, lagos e, em empreendimentos mais ousados, até mesmo dentro da água, com bancos submersos, permitindo que os clientes desfrutem de suas bebidas enquanto se refrescam. O design quase sempre segue uma linha tropical ou temática. As cartas de coquetéis são, na grande maioria, compostas por uma enorme variedade de long drinks refrescantes, highballs e drinks da família fizz. O cardápio oferta, quando muito, snacks e sanduíches leves, que não são o ponto forte do segmento. O bartender que comanda esse tipo de bar deve estar disposto a trabalhar com agilidade, em turnos longos e sob as altas temperaturas do verão.

Cocktail bar

Sonho de todo bartender especializado, o cocktail bar é o estabelecimento que literalmente representa o segmento. Geralmente oferece uma ampla gama de bebidas mistas, desde as clássicas até produções artesanais exclusivas da casa. Os bartenders em um cocktail bar são obrigatoriamente especialistas em misturar bebidas alcoólicas, e interagem com os clientes para personalizar coquetéis de acordo com as preferências individuais. O ambiente de um cocktail bar costuma ser extremamente aconchegante e decorado, projetado para envolver o cliente em todos os sentidos. Cuidados com

O bartender: relação com o mercado e perfil profissional

a iluminação, música e arte compõem a estrutura do local. A qualidade dos ingredientes é uma prioridade, com o uso de frutas frescas, ervas, xaropes caseiros e bebidas alcoólicas premium. A carta de um cocktail bar é muitas vezes assinada por bartenders famosos, criativos e inovadores, incluindo interpretações únicas de coquetéis clássicos e criações exclusivas. Os profissionais possuem conhecimento profundo sobre diferentes tipos de bebidas alcoólicas, suas origens e características, e o atendimento ao cliente é personalizado e atencioso, com bartenders oferecendo recomendações baseadas nas preferências individuais dos clientes, além de harmonizações com alimentos preparados com a mesma exclusividade das bebidas.

Adega

Na tradução clássica, a palavra adega diz respeito ao espaço físico para guarda e conservação de vinhos e outras bebidas. Esse termo vem sendo utilizado desde a época dos gregos, referindo-se ao espaço na casa (geralmente o porão) em que se preservava as bebidas. Já o setor de alimentos traduz adega como local ou equipamento com temperatura e umidade controlada para conservação dos vinhos. Atualmente, a cultura brasileira associou o nome ao estabelecimento comercial que vende bebidas como cervejas, licores, destilados, refrigerantes e outras bebidas não alcoólicas, além de outra sorte de insumos de mercearia, gelo, carvão, etc. Tal comércio talvez passe despercebido por alguns profissionais de bar que equivocadamente não o veem como nicho de coquetelaria. Entretanto, tais comércios merecem um olhar bastante atencioso por parte dos novos bartenders. Procuradas por milhares de pessoas todos os dias, as adegas vêm trabalhando a coquetelaria popular de uma maneira despretensiosa e rica. Coquetéis como Chevette, Brasília Amarela e os famosos copões (grandes copos descartáveis com gelo de água de coco, whisky e xarope de frutas) fazem um estrondoso sucesso movimentando o segmento com lucro e assertividade de público. As adegas se multiplicaram nos últimos anos, fato que pode ser facilmente observado em qualquer bairro nas cidades brasileiras. Certamente, é o início de um novo e promissor segmento de mercado para bartenders: a coquetelaria popular, com características que abordaremos no desfecho desta obra.

Evolução da profissão e competências técnicas

Como vimos, criar um perfil único para o profissional de bar não é um objetivo alcançável. Mais correto é afirmar que algumas competências técnicas são necessárias para a profissão em qualquer nicho de ocupação, mas após desenvolver tais competências, o bartender pode ocupar diferentes segmentos, cada qual com seu próprio perfil de trabalho e comportamento. Essa é uma das maiores vantagens desse setor; a possibilidade de trabalhar com a coquetelaria em um balcão que tenha as características e a cultura de sua preferência é incrível e, em parte, seria a solução para o fenômeno do great turnover que abordamos nas páginas iniciais deste capitulo, além de responder também à questão "onde podemos trabalhar", pois, como vimos, as opções vão muito além de bares de hotéis. Já para contemplar a última e não menos importante questão levantada, precisamos compreender outro fator. O momento em que passamos a nos reconhecer como profissionais não é repentino, e sim um processo gradual. Para algumas pessoas mais dedicadas aos estudos técnicos e com possibilidade de exercer a profissão de maneira contínua, tal processo tende a ser mais rápido; já para outras, mesmo que haja boa vontade e desejo contínuo de crescimento, as opor-

O bartender: relação com o mercado e perfil profissional

tunidades tendem a ser mais espaçadas. Com dedicação, a evolução profissional é inevitável, em todos os casos.

Saideira

Dois bartenders fizeram juntos um curso de formação. Eles aprenderam as mesmas técnicas, tiveram as mesmas bases de conhecimento. Dominam muito bem os conceitos e as categorias da coquetelaria clássica e, ao final do curso, ambos foram recrutados para atuar como bartenders.

Um deles foi contratado para trabalhar em um café bar com uma escala de trabalho fixa e diurna. Os clientes dessa casa são bastante espaçados, portanto, ele tem tempo suficiente para pesquisar sobre drinks e bebidas, produzir guarnições com cascas de frutas e fazer os coquetéis com bastante calma, enquanto conversa atenciosamente com os clientes. A exceção se dá nos curtos períodos em que a casa fica lotada, por volta das 15 horas, no entanto, esse movimento não dura muito tempo e logo volta a rotina de calmaria.

Já o outro bartender foi trabalhar em um bar de eventos para um grande buffet, cujo campo de atuação tem foco em festas de casamento, aniversários e formaturas, com bares itinerantes no sistema open bar. Todo o turno de trabalho é extremamente corrido, os coquetéis são executados e servidos em uma velocidade alucinante para atender à demanda de clientes sedentos. A exceção são os curtos períodos que precedem a abertura do evento e o final do turno, quando a maioria dos clientes já se despediu.

Perceba que ambos fazem o mesmo trabalho, entretanto, um bartender irá ganhar ritmo de produção muito antes do que o outro que, em contrapartida, desenvolverá as técnicas de atendimento e produção de guarnições muito mais rápido que seu amigo. Apesar de terem a mesma formação e caminharem para as mesmas habilidades, o segmento de bar em que atuam interfere diretamente na velocidade de evolução das competências técnicas.

Por falar em competências técnicas, está na hora de começarmos a contemplá-las, afinal, como já dissemos, elas ocupam um papel fundamental para que possamos sair do amadorismo.

7 Técnicas básicas de coquetelaria

Ao olhar para essa mistura de competências com matérias-primas, conhecimento de mercado e todos os outros fatores que vimos até agora, podemos ter a impressão de que as técnicas de preparo dos coquetéis vão sendo deixadas de lado, não é mesmo? Não é nada disso: essas técnicas são processos fundamentais no preparo de coquetéis, e se até agora estudamos os ingredientes, o mercado, o bartender e sua relação com tudo isso, está na hora de começarmos a compreender algumas técnicas e práticas que tangem a profissão.

GUIA

Este capítulo vai tratar de um alicerce importante no trabalho do bartender: as técnicas essenciais de corte, produção e organização de insumos.

Na rotina de trabalho dos bartenders, preparar drinks é, com certeza, a mais prazerosa, mas acredite: é também o que menos fazemos. Antes do horário de atendimento direto ao público, temos uma rotina que passa desapercebida aos clientes e até mesmo a alguns profissionais da área. Demandas como polir taças e copos[1], abastecer freezers, cortar frutas, fazer sucos, xaropes e outras produções ocupam, na maioria das vezes, 2/3 do tempo do profissional atrás do balcão.

Por esse motivo, os processos de padronização e de trabalho da agilidade são importantes não só para a produção dos coquetéis, mas também para o pré-preparo e funcionamento do bar como um todo.

Na cozinha, essa preparação recebe o nome de mise en place, termo francês que se traduz como "pôr em ordem" ou "fazer a disposição", e funciona da mesma forma no bar. Vamos conhecer algumas das tarefas que, de maneira geral, compõem esse quadro de operações?

---

1 *Processo para retirar manchas de sabão e de secagem dos utensílios utilizando uma flanela ou um papel com álcool.*

Técnicas básicas de coquetelaria

Frutas, tipos de sucos e cortes de guarnições cítricas

Um dos insumos mais utilizados na coquetelaria são os sucos de frutas (ou de frutos, pois o termo botânico é escrito dessa maneira, mas costumamos chamá-los de frutas). Usamos vários tipos de suco, diferentes não só no sabor, podendo ser divididos em:

natural

Sucos integrais_
são aqueles produzidos integralmente das frutas, sem adição de água ou qualquer outro produto químico, conservantes ou aditivos.

Sucos naturais_
resultantes do preparo com frutas frescas, podem ser adicionados de água ou açúcar.

Polpa de fruta_
resultado do esmagamento ou da extração da fruta fresca, que posteriormente é congelada. Geralmente é diluída em água para ser utilizada.

Néctar_
composto de aproximadamente 40% ou menos de suco de fruta natural, acrescido de estabilizantes, corante, conservantes, açúcares e outros compostos.

Concentrado_
possui entre 2% e 10% de suco de fruta acrescido de estabilizantes, corantes, conservantes, açúcares e outros compostos.

Refresco em pó_
geralmente composto por químicos simuladores de sabor dos tipos artificiais, acrescidos de sódio e açúcares.

artificial

É nítido, do ponto de vista nutricional, quais devem ser consumidos para se ter uma alimentação saudável.

Precisamos lembrar, no entanto, que o escopo principal das informações desta obra é a qualidade técnica e organoléptica do coquetel, ou seja, o sabor. Portanto, podemos escolher sem preconceitos qualquer um dos tipos de suco para compor uma bebida de maneira a atender cada receita com a maior assertividade possível. Um exemplo disso é o suco de laranja, pois quando pensamos na qualidade nutricional, o suco natural é melhor, desde que servido rapidamente após a extração, conservando seus nutrientes e frescor, no entanto, quando o bartender trabalha em bares de rede ou mesmo com grande fluxo de pedidos, os sucos industrializados são uma boa escolha, principalmente pela agilidade e por manter a padronização do coquetel, o que não é possível utilizando suco natural.

Quando falamos de guarnições, a primeira informação que devemos alinhar e relembrar é que tecnicamente elas precisam fazer sentido. Caso contrário, incorremos em uma decoração e, como vimos, não se usa a guarnição apenas para este fim. Podemos utilizar vários itens como guarnição, que vão de boleados de frutas a pedaços em palitos, mas nenhuma guarnição é tão utilizada quanto cortes de frutas cítricas como limão, laranja e tangerina. Veja algumas variações nas próximas páginas:

- Em rodelas
- À francesa
- À francesa transversal ou diagonal
- Aos pedaços
- Gomo
- Supreme
- Canoa e zest
- Twist longo
- Twist curto
- Raspas

Tipos de corte de frutas cítricas

Em rodelas

Grossas, médias ou finas, são utilizadas para dar sabor, aroma ou transferir um pouco de acidez às preparações. São colocadas em refrigerantes e em dezenas de coquetéis. O uso nas bordas dos copos, apesar de bastante desatualizado, pode ser aderido desde que o copo tenha boca larga, para que a fruta não encoste no nariz do cliente durante o consumo. Costuma-se utilizar também o corte pela metade, que chamamos de meia-lua.

À francesa

A França é o país que mais codificou e escreveu sobre as técnicas da gastronomia, sendo provável que esse corte tenha sido descrito pela primeira vez em livros franceses, daí o corte à moda francesa. Na coquetelaria, usamos este como base para outros cortes, mas podemos adotá-lo para smashes de maneira geral, principalmente quando forem coados, pois com pedaços grandes de limão, podemos extrair bastante caldo, mas quando utilizamos pedaços inteiros no copo de serviço o visual fica muito rústico e comprometido.

DICA
Com base nesse corte, você pode fazer outros

Técnicas básicas de coquetelaria

Siga a linha para aprender outros cortes relacionados com o corte à francesa

À francesa transversal ou diagonal

A partir do corte à francesa, quando o dividimos pela diagonal, obtemos o equivalente a 1/4. Desse modo, podemos utilizá-lo mais assertivamente em smashes ou até mesmo como complemento em coquetéis coletivos como ponches e jarras de água saborizada.

Aos pedaços

Quando cortamos a fruta à moda francesa diagonal e depois novamente em três partes, obtemos cubos médios. Esses cubinhos são os mais indicados para smashes que serão servidos com as frutas no copo, sem coagem. Promove fácil extração do suco da fruta, sem a necessidade de muita força na maceração, assim a casca não transfere muito amargor para a bebida.

Gomo

A partir do corte à moda francesa, quando cortamos a fruta novamente na vertical, obtemos gomos. Esse corte é ideal para os mais diversos usos na coquetelaria e, sem dúvida, é a melhor maneira de utilizar cítricos como guarnição na borda do copo. Além de promover fatores aromáticos, oferece ao cliente a oportunidade de espremê-lo na bebida, dando mais acidez.

Técnicas básicas de coquetelaria

Supreme

A partir dos gomos, quando separamos a casca, temos o supreme, que é uma forma de se obter somente a polpa das frutas. Pode ser utilizado para maceração quando o bartender quer somente a acidez, sem nenhuma interação com o amargor ou os óleos da casca. É um corte muito utilizado também como guarnição e na produção de saladas de frutas, que deve ser feita pelo bartender de maneira exemplar.

Canoa e zest

Quando extraímos o supreme, a casca que sobra tem o formato de uma canoa. Limpando o bagaço (parte branca), podemos utilizar essa casca para fazer guarnições aromáticas, sprays de óleo e pequenas raspas, que chamamos de zest. Existe um descascador (zester) para retirar somente a casca da fruta para esses pequenos cortes.

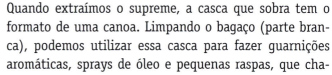
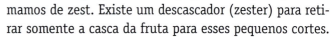

Twist longo

Processo fácil para obter um rolinho (torção) da fruta para diversos fins: comece descascando a fruta na horizontal, limpe o bagaço, corte em tiras e enrole no cabo da colher de bar, dando uma leve torção.

Twist curto

Pode ser obtido por pequenos pedaços do twist longo ou simplesmente com uma tira da casca da fruta. Para o serviço de bebidas puras como vodka, steinhaeger ou grappas, o formato lacinho vai bem.

Técnicas básicas de coquetelaria

Raspas

Podem ser valiosas quando utilizadas na aromatização de coquetéis coados. Podemos batê-las junto com os ingredientes, utilizar junto com gelo no processo de gelar os copos ou simplesmente utilizá-las para finalizar o coquetel.

ATENÇÃO, BARTENDER!

Não deixe de conferir a Cartilha sobre boas práticas para serviços de alimentação da Anvisa, que mostra tudo o que você precisa saber para ser um bartender responsável. Agora que você conhece os riscos, fazer o certo depende só de você.

Além disso, tão logo tenha oportunidade, realize um curso de boas práticas para manipuladores de alimentos; certamente será uma parte importante na sua trilha de aprendizados.

Sucos e guarnições também devem ser seguros

Fazer guarnições e sucos pode significar um grande investimento de tempo por parte do bartender. Muitas vezes, esse tempo acaba sendo dividido com outros afazeres, que causam correria no turno de trabalho. Nessa agitação, adivinhe o que acaba ficando para trás? A higienização das frutas. Você já parou para pensar que, muitas vezes, as frutas que vão para o copo não foram lavadas? Isso é sabidamente perigoso, mas pode acontecer, e em parte, este hábito insalubre ocorre porque o profissional de bar não tem consciência de que é um manipulador de alimentos, além de, às vezes, não ter tempo para executar essa tarefa.

Colocar uma rodela de limão sem lavar no copo de refrigerante de um cliente é tão arriscado quando servir salada de alface sem higienizar. Fazer um suco de laranja direto da caixa de transporte pode gerar contaminações cruzadas e fazer com que agrotóxicos, coliformes e outros microrganismos patogênicos se espalhem por todo o bar, oferecendo riscos de DTAs (doenças transmitidas por alimentos) ao cliente e ao profissional.

Crustas

Uma das técnicas de guarnição mais utilizadas, é quase sempre associada à borda de sal da margarita, apesar de existirem diversos tipos de crustas. Elas podem ser finas, médias e grossas, a depender da potência que o bartender quer oferecer por meio dos ingredientes. Mas atenção: mesmo que seja grossa, não deve ser grosseira, ou seja, deve oferecer um padrão cuidadosamente planejado ao longo de toda a borda.

Tipos de crusta

Veja exemplos:

Crusta fina de sal para margaritas: como o sal é muito potente, a crusta fina é a técnica ideal para utilizar este ingrediente.

Crusta média de mix de sal, pimenta e raspas de limão: como neste caso queremos uma combinação mais presente, aumentamos a largura.

Crusta grossa de açúcares: como o açúcar é um ingrediente de fácil aceitação e, às vezes, até delicado, podemos considerar uma crusta desta proporção.

Outra crusta importante é a circular, dentro dos copos. Quando vemos um milkshake, por exemplo, com riscas de chocolate, caramelo ou morango, estamos vendo crustas, que fazem uma composição bonita e funcional, pois vai pouco a pouco dissolvendo e fundindo-se à preparação, tornando-se cada vez mais presente. Essas crustas devem ser feitas com delicadeza, pois como a calda é bastante densa, pode escorrer e se concentrar no fundo do copo, deixando o final da bebida enjoativo.

Montar, mexer e bater

Para quem estuda coquetelaria, finalmente chegar à parte da produção é como alcançar o objetivo. Vamos conhecer as técnicas de maneira bem detalhada, lembrando que partir para as técnicas sem ter conhecimento dos ingredientes, sobre como dividi-los e alocá-los corretamente, sem compreender as finalidades, modalidades e categorias e trabalhar sem segurança no manuseio não tornará ninguém profissional. Como você já compreendeu tudo isso ao longo da leitura deste livro, vamos prosseguir!

 ## Montar um coquetel

Coquetéis montados são produções feitas em uma determinada ordem diretamente no copo de serviço, ou seja, montamos o copo que será servido ao cliente colocando ingrediente a ingrediente até a conclusão da receita, sem a necessidade de utensílios.

Montamos um coquetel em duas situações: primeiro, quando os ingredientes são de fácil homogeneização, portanto, se misturam facilmente sem que haja necessidade de qualquer tipo de ação mecânica.

É o caso do Negroni, feito com gin, vermouth e Campari, nesta sequência simples: adicionar ao copo o gelo, a guarnição de laranja em meia-lua, despejar a base, que é o gin e, em seguida, o vermouth, que é mais pesado que a base e vai descer naturalmente, misturando-se ao gin.

Por último, adiciona-se o Campari que, por ter mais açúcar, é o mais pesado de todos, logo, descerá homogeneizando-se com as outras bebidas.

CURIOSIDADE

Alguns leitores mais familiarizados e que gostam de acompanhar as redes sociais podem estar se perguntando por que vários bartenders utilizam a técnica de mexer os ingredientes do Negroni e depois passá-lo para o copo de serviço com gelo novo e laranja. O Negroni é um coquetel montado, e vem sendo feito assim há mais de um século. A técnica de coquetéis mexidos, que veremos logo a seguir, pode ser utilizada para uma releitura mais diluída ou até mais gelada do coquetel, mas na maioria das vezes, o que acontece nesses casos é a misancene (do francês, mise en scène, uma encenação programada para dar mais valor ao bartender do que ao drink).

Outra situação em que montamos um coquetel é quando os ingredientes não se misturam plenamente, sendo este o resultado desejado. Por exemplo, para montar uma versão de Sex on the Beach, em um copo long drink cheio de gelo, alocamos o canudinho e a guarnição de laranja meia-lua na borda do copo. Seguimos com a montagem adicionando a base vodka, licor de pêssego e suco de laranja, finalizando delicadamente com o creme de frutas vermelhas. Neste caso, não queremos que os ingredientes se misturem, portanto, utilizamos a técnica de montagem.

 Mexer um coquetel

A técnica de mexer um coquetel é utilizada quando precisamos homogeneizar delicadamente os ingredientes ou promover queda de temperatura na preparação para deixar a bebida um pouco mais gelada. Consiste em adicionar os ingredientes em um copo de mistura com gelo, embora alguns bartenders prefiram colocar primeiro os ingredientes e depois o gelo. Em seguida, com a ajuda de uma colher de bar (bailarina), mexer delicadamente, coando em seguida com um strainer para o copo de serviço, que deve estar previamente gelado para evitar que a bebida ganhe temperatura. Essa técnica está muito ligada a coquetéis do tipo aperitivo e não é raro ver preparações que pedem dupla coagem para eliminar todos os sedimentos dos ingredientes.

 Bater um coquetel

Essa técnica é utilizada principalmente quando temos ingredientes que não se misturam facilmente, logo, precisam ser homogeneizados mecanicamente. Podemos utilizá-la também para gelar bastante a bebida, ou ainda, para gerar espuma. Batemos os drinks em coqueteleiras de acordo com os métodos:

- **Slow shake, soft shake ou batida lenta:** agitando lentamente a coqueteleira por 10 segundos, homogeneizamos o coquetel sem diluir muito o gelo e sem promover espuma.

- **Stander shake ou padrão:** agitando a coqueteleira em uma velocidade confortável e por um tempo entre 10 e 15 segundos, temos um coquetel homogeneizado e padrão.

- **Hard shake:** agitando a coqueteleira em alta velocidade e batendo fortemente o gelo entre a tampa e o fundo por aproximadamente 15 a 20 segundos, obtemos um coquetel extremamente gelado e diluído, e a depender dos ingredientes, com muita espuma.

- **Dry shake:** consiste em agitar a coqueteleira com os ingredientes sem gelo. Pode ser utilizada antes ou depois das técnicas padrão com a intenção de obter espuma ou até descarbonatar algum ingrediente.

DICA

Embora possamos medir as batidas por tempo, venho usando outra técnica ao longo dos anos, que consiste em multiplicar o número dos ingredientes do coquetel por 4. Assim, por exemplo, um coquetel como o Daiquiri, que leva rum, limão e gelo, não precisa mais do que doze batidas para ficar pronto com a qualidade esperada. Pode parecer uma dica irrelevante, mas após algumas horas fazendo coquetéis batidos em um bar movimentado, essa técnica vai poupar seus braços de algumas batidas.

Smash ou maceração

É a partir dessa técnica que nasce a nossa Caipirinha. O processo de macerar frutas, hortaliças, cascas, raízes, sementes e diversos outros ingredientes é o mais antigo de todos, tendo feito parte da história dos povos originários, retratado até mesmo em pinturas rupestres. É um processo simples e eficaz, mas na coquetelaria profissional precisamos nos atentar a alguns pontos. Com bastante frequência, bartenders fazem caipirinhas ou outros coquetéis pelo processo de maceração, e não é raro ver esses profissionais macerando os frutos com tanta violência que os ingredientes chegam a voar pelos lados do copo. Essa técnica pode exigir um pouco mais de força principalmente nas duas primeiras prensagens da fruta, mas depois os movimentos devem ser feitos delicadamente e com uma leve torção no final para realocar a posição dos ingredientes para o próximo movimento. São desnecessários, improdutivos e equivocados os espancamentos. Vamos tratar os ingredientes com o carinho e respeito que merecem!

Macerar ingredientes com açúcar também exige certo bom senso. Embora na coquetelaria autoral soltar a imaginação seja um comportamento desejado, deve-se sempre pensar no resultado da produção. Por exemplo, o bartender nem sempre deseja que seu smash fique completamente homogeneizado; às vezes, um pouco de açúcar refinado em pequenos grãos no fundo do copo pode gerar um efeito bastante positivo, permitindo que o cliente misture com um palito e dissolva-o antes dos últimos goles da bebida, o que aumenta o dulçor e dá uma sensação agradável de querer mais ao final do consumo.

Utilizar açúcares cristalizados nas preparações de macerados é um equívoco conceitual. Essa gramatura de açúcar não se dissolve facilmente e faz com que o cliente fique mastigando os grãos no final do consumo, gerando uma sensação tátil desagradável e um dulçor enjoativo.

Outra consideração relevante na técnica de maceração são as ferramentas. Devemos contar sempre com dois modelos de macerador (ou mão, termo mais utilizado para a parte que seguramos no pilão). Um deles deve ser liso, melhor para limões e limas por não perfurar tanto a casca das frutas e expor o bagaço (parte branca), diminuindo, portanto, o amargor da preparação. O outro tem dentes que impedem que o ingrediente deslize pelas laterais do copo, dificultando o esmagamento uniforme no caso de insumos mais resistentes. Em ambos os casos, tamanhos superiores a 25 cm podem facilitar o trabalho, permitindo um controle maior da força exercida, lembrando também que utensílios de madeira não são permitidos para uso em ambientes comerciais.

Toppings: coroações com espumas, cremes e chantillys

Coberturas em coquetéis sempre foram um sucesso. Finalizar um preparo com algum ingrediente que dê ao primeiro gole uma sensação exclusiva não é novidade. Vamos conhecer algumas características das principais finalizações de topo na coquetelaria.

Coroação

Chamamos de coroação todo complemento que adicionamos ao coquetel depois de pronto. Uma das formas mais conhecidas, no contexto da coquetelaria clássica, é o caso do New York Sour, um drink que depois de batido à exaustão para criar a espuma característica dos sours, costuma levar uma generosa dose de vinho tinto, adicionada, preferencialmente, na frente do cliente.

Uma coroação, no entanto, pode ser até mesmo um chorinho. Um exemplo é o caso da Saquerinha; não é raro ouvir de algum cliente no balcão ou mesmo de algum garçom o pedido de uma "Saquerinha bem forte". Por não conhecerem a bebida, muitas pessoas acreditam que o saquê é forte e, portanto, colocar mais saquê faria com que o coquetel ficasse mais potente.

Agora que você já estudou as bebidas bases da coquetelaria, percebe que fazer uma Saquerinha forte (em teor alcoólico), é praticamente impossível, pois o saquê é um fermentado de arroz muito sutil e delicado, e produzir um smash com frutas, açúcar, gelo e saquê nunca resultará em uma bebida potente. Mesmo que se utilize um copo grande, o cliente aumentará a ingesta, não o volume alcoólico do coquetel. Dessa forma, a coroação pode ser uma aliada: ao final da produção, se adicionarmos um pequeno volume (cerca de 20 mL) de um destilado por cima do coquetel, proporcionaremos ao cliente uma sensação etílica de potência em seu primeiro gole, entregando exatamente o que ele desejou.

Espumas

Atualmente, são uma verdadeira febre. Embora sua fama tenha vindo com o ressurgimento do Moscow Mule, o uso de espumas é muito antigo.

As espumas podem ser características ou adicionadas, e o próprio Moscow Mule é um exemplo disso. Antigamente, a espuma que coroava esse coquetel era característica do próprio produto, que levava em sua receita uma cerveja de gengibre que espumava muito ao ser batida, dando um acabamento bonito à preparação.

Quando o coquetel ressurgiu no Brasil, a ausência da ginger beer trouxe a necessidade de improvisar algo para substituir a espuma. Nasceu, então, a espuma de gengibre brasileira, que logo deu origem a diversas espumas de outros sabores. O importante é compreender que espumas devem ser delicadas e leves, sem adição de leite, caso contrário, será creme ou chantilly.

Cremes

São a coroação mais fácil e, ao mesmo tempo, a mais difícil. Podemos interpretar, grosso modo, que um creme é como um chantilly sem aeração, ou seja, um creme de leite fresco; mas não é isso que queremos para finalizar um Irish Coffee, não é mesmo?

Esse coquetel, inclusive, só ficou famoso por conta da receita do creme que o coroa.

Um creme para coroar um coquetel deve atender a alguns requisitos: aguentar temperaturas sem desnaturar (ou formar natas), pois alguns coquetéis são servidos quentes; devem ser adocicados, mas nunca enjoativos; untuosos, mas não gordurosos; e, se possível, não levar lactose.

Chantilly

Esse topping, sem dúvida, é o mais conhecido mas, ao mesmo tempo, pode ser monótono.

Apesar de ser umas das coberturas mais utilizadas, tem a característica de estar sempre igual. Apesar de pertencer à gastronomia clássica e praticamente representar certas receitas francesas, na coquetelaria, esse ingrediente poderia ser mais criativo.

E isso dá certo: em meados de 2009, comecei a servir milkshakes alcoólicos como coquetéis nutritivos em um bar, e notei que a coroação de chantilly era quase mais desejada que o próprio Jack Maltine (um milkshake de whiskey americano com achocolatado em flocos). Ao perguntar aos clientes o que eles gostavam no chantilly, eles respondiam que o chantilly que ficava encostado na bebida tinha gosto de whiskey. Então, passei a adicionar uma generosa dose de Bourbon ao meu chantilly e, desde então, utilizo essa receita para fazer a cobertura dos meus cafés, sobremesas e milkshakes.

Mesmo que seja somente uma simples adaptação, quando apresento a ideia aos meus alunos de coquetelaria, a reação é sempre a mesma: todos ficam encantados com o chantilly, que pode ser somado às cores e aos sabores das mais diversas bebidas, podendo levar até a glitters comestíveis.

DICA

O chantilly clássico e, por que não dizer, "verdadeiro", é obtido ao bater creme de leite fresco com açúcar fino, de preferência impalpável ou de confeiteiro, por um tempo exato (se for insuficiente, resulta em uma mistura mole, e se for excessivo, se transforma em manteiga doce).

Na coquetelaria, costumamos utilizar o sifão (ou bomba) de chantilly para produzir com bom resultado. Embora os processos apresentem resultados equivalentes, o sifão faz a aeração por expansão devido à pressão com que o creme sai da bomba, o que pode dar um tempo de vida maior, desde que em condições ideais de temperatura.

Há alguns anos, o mercado vem apresentando algumas misturas para chantilly à base de gordura vegetal parcialmente hidrogenada, que já vêm adoçadas e prontas para o uso. O creme de leite fresco, em matéria de sabor e untuosidade, oferece uma palatabilidade única: o sabor de um chantilly clássico é incomparável, entretanto, ele apresenta algumas desvantagens, como, por exemplo, perecibilidade acentuada, impossibilidade de serviço a intolerantes à lactose, e custo de produção mais alto.

Já os cremes vegetais oferecem um sabor diferente do original e, a depender da marca, apresentam uma untuosidade e açúcar que podem ser enjoativos; mas apresentam vantagens comerciais, como aguentar complementos de sabor em até 10% de seu volume, ser indicado a intolerantes à lactose, além de ter estabilidade e validade superiores ao original. Um não é melhor que o outro, a questão é fazer o uso assertivo para cada necessidade.

Sifão para cremes, espumas e chantilly.

Esse tal mise en place

Preparar um bar para abertura e atendimento aos clientes é uma tarefa desafiadora, como vimos até agora, mas, para tudo, existem ferramentas. Acontece que a maioria dos bares não faz um detalhamento de suas rotinas, o que obriga o bartender a confiar em sua memória.

Há momentos em que estamos cansados ou desatentos, sem contar a procrastinação a que todos os serem humanos estão sujeitos – aquele hábito de deixar para depois ou confiar que a tarefa não será necessária –, mas aí é que está o perigo: pode ter certeza que justamente o pré-preparo que não foi feito será necessário na hora de maior movimento do bar, levando ao atraso dos pedidos, tumulto na estação de trabalho, causando ruídos e conflitos com clientes e parceiros de trabalho e desconforto pelo resto do turno. Parece exagerado? É exatamente isso que acontece.

Um bar bem estruturado e sob o comando de um gestor de alimentos e bebidas certamente possui documentos operacionais padronizados para abertura e fechamento de turnos, mas isso corresponde à mínima parte dos estabelecimentos; a maioria operacionaliza "no susto", ou seja, vai fazendo o que precisa "do jeito que dá".

Você pode imaginar que trabalhar em estabelecimentos assim é ruim e precário, mas eles representam uma oportunidade de ouro para você: é a sua chance de se mostrar profissional e começar a implantar, pelo conceito de microgestão, ações que modificam todo o setor. Tenha em mente que empreender nem sempre quer dizer abrir um comércio. Empreender pode ser também uma oportunidade desafiadora que permite apresentar resultados assertivos por meio de seus conhecimentos. Isso, sem dúvidas, vai fazer você crescer e ser notado em algum momento da sua carreira. Uma ferramenta importante que pode ajudar nesse sentido é um checklist de abertura e fechamento de bar, documento que deve ser produzido a partir da necessidade de cada bar ou estabelecimento, e não há ninguém melhor que o bartender que trabalha nele para fazer isso. De maneira geral, a lista deve contar com as tarefas do cotidiano, de modo a ajudar nas rotinas e controles do trabalho. Eis um exemplo:

Bar 1 – responsável: _____	data:
Demandas pré-turno	**conferido:**
Conferir a temperatura dos freezers	
Higienizar e cortar as frutas	
Polir taças e copos	
Conferir posição e abastecimento das garrafas	
Limpeza e organização da bancada de trabalho	
Verificar gelo e guarnições	
Conferir produtos de limpeza	
Abastecer bisnagas, potes de alimentos e store 'n pours	
Verificar organizador com guardanapos, canudos e bolachas antigotas	
Preparar e conferir xaropes	
Verificar pressão e qualidade do chantilly	
Verificar asseio e roupas pessoais	

Quadro 7.1 – Checklist de abertura de bar

Estes são apenas alguns dos afazeres do pré-turno para mostrar o poder da ferramenta, bem como a fragilidade das operações mal planejadas.

Imagine a seguinte situação: conforme o quadro 7.1, o único item não conferido é a bomba de chantilly, que o bartender não verificou por acreditar que naquela noite não haveria pedidos com o ingrediente.

Justamente quando o bar está mais lotado, no meio de todos os pedidos que já estão se acumulando, aparecem dois milkshakes. Quando o bartender pega o sifão para fazer as preparações, percebe que está vazio. Note que toda a operação do bar foi comprometida por esse descuido.

Saideira

Caro bartender, diante de tudo que vimos até aqui, tenho certeza que você já é um profissional mais atento, capaz de identificar os desafios como oportunidades e, muito mais do que isso, identificar um coquetel como uma verdadeira obra, com bases, complementos, diluentes e guarnições que podem ser empregados de maneira estruturada por meio das técnicas de montagem e outros métodos.

A partir de agora, todo esse conhecimento certamente vai brilhar diante de seus olhos nas receitas dos principais clássicos e de alguns autorais que veremos no próximo capítulo. A partir de agora, só posso desejar a você: bons drinks!

Técnicas básicas de coquetelaria

8 Coquetéis clássicos: suas escolas e histórias

Nesta obra, adotamos como clássicos todos os coquetéis que compõem a carta da IBA, mas nem por isso devemos colocar tudo em um único cesto, como se todos compusessem uma só lista. As bebidas podem ser representações de diversas culturas, mas também costumam retratar épocas ou períodos. Por exemplo, quando assistimos os filmes mais antigos da franquia 007, em que a vodka russa compõe o drink do protagonista, mostrando a dualidade do personagem e brincando com a espionagem bilateral. A sétima arte sempre mostrou muito bem a coquetelaria, mas os coquetéis clássicos como o Kir e o Kir Royal são verdadeiros episódios da Segunda Guerra Mundial e contam, por meio de copos, uma história de luta e de heroísmo. Conhecer os clássicos é mergulhar profundamente na cultura humana e retratar como o homem vive seu momento de prazer à mesa. Dessas misturas culturais surge o que chamamos de escolas da coquetelaria, que nada mais são do que os reflexos de consumo dos povos e seus hábitos. Embora já tenhamos visto um pouco dessa classificação no início deste livro, vale a pena relembrar as principais escolas:

Escola europeia

Conhecida também como o berço da coquetelaria, tem como características principais os fatores culturais dos países do velho mundo, como a arte italiana da produção de licores e vermouths, somada, entre outros fatores, à tradição de consumo dos antigos bares londrinos, que até hoje resultam em receitas atemporais na coquetelaria clássica. A isso se une a influência dos franceses, que durante muitos anos foram a principal mão de obra a comandar as coqueteleiras nos bares da Europa.

GUIA

Neste capítulo, vamos conhecer algumas versões dos coquetéis clássicos, os contemporâneos que entraram nessa categoria e, ainda, uma nova geração que é influenciada por essa rica história. Você vai ficar sabendo um pouco da criação de cada coquetel, aprender o modo de preparo e entender o que torna cada um deles memorável.

Apesar de não limitar nenhuma das finalidades, são os aperitivos que dominam grande parte dos coquetéis dessa escola. Uma das características da escola europeia é o uso de bases neutras ou não envelhecidas para produção dos drinks.

Escola americana

A mais importante das escolas, pois se a escola europeia tirou a coquetelaria do zero para o um, ou seja, criou os primeiros clássicos, foi a escola norte-americana que tirou do um para o cem e mostrou essa coquetelaria para o mundo, resgatando coquetéis antigos e dando uma ótica mais moderna com o uso de frutas frescas, além de deixá-la mais refrescante com seus long drinks. Utilizando qualquer tipo de base para os coquetéis, mostrou a todos que destilados envelhecidos podem e devem compor a coquetelaria clássica.

Escola latina

Embora seja representada principalmente por Cuba, a escola latina soma técnicas e tradições dos países colonizados por Portugal e Espanha, como Peru, Argentina, Chile, Costa Rica e outros quase vinte países, entre eles, o Brasil. Cada país deste bloco possui tradição suficiente para moldar sua própria escola, mas por não constarem dessa forma em obras robustas e culturais, como as outras duas escolas, são descritas como uma só. Como principal característica, a escola latina traz as adaptações, pois, até pouco tempo atrás, a escassez dos ingredientes, que nem sempre chegavam a esses países, fazia com que bartenders tivessem que utilizar substitutos locais nas produções. Esse fator foi, sem dúvidas, o maior e melhor impulsionador da escola latina.

Se as escolas refletem a cultura e os hábitos de um povo, podemos ver isso de forma ainda mais clara quando acompanhamos em épocas específicas. Você certamente vai perceber isso nas histórias dos coquetéis clássicos, contemporâneos e da nova geração da IBA.

ATENÇÃO, BARTENDER!

Os coquetéis clássicos a seguir são receitas de diferentes anos e edições da carta IBA, alocadas dessa forma para conversar melhor com o mercado nacional e suas preferências comerciais.

Coquetéis clássicos inesquecíveis

Alexander
Americano
Boulevardier
Brandy Crusta
Dry Martini
Mary Pickford
Negroni
Sazerac
Whiskey Sour

Nutritivo, short drink

Ingredientes

Brandy 30 mL
Licor de cacau 30 mL
Creme de leite fresco 30 mL
Gelo
Guarnições e adornos:
Noz-moscada moída na hora

Modo de preparo

Coloque os ingredientes em uma coqueteleira. Adicione cubos de gelo e agite com bastante vigor. Coe duplamente para uma taça previamente gelada. Finalize com raspas de noz-moscada.

Alexander

 Quer saber o que significam os ícones? Muitos são autoexplicativos, mas se tiver alguma dúvida, veja o guia visual da página 6.

harmoniza com

Chocolates, bolos de nozes e chocolate, biscoitos amanteigados

convive com

Biscoitos com baunilha, doces cremosos, pudins de leite

não combina com

Pratos salgados, alimentos picantes, queijos

De característica doce e cremosa, perfeito para ser apreciado como sobremesa ou entre as refeições.

Acredita-se que o coquetel surgiu em Londres, por volta de 1920, para homenagear o casamento de nobres da época. Como muitas outras misturas que remontam ao momento histórico, utilizar creme de leite batido era sinal de status e riqueza. Quando se trata de coquetéis com nomes de pessoas, sempre há a possibilidade de algum bartender ter nomeado a mistura com o nome do cliente que a pediu. O Alexander pode ter nascido em uma casa de jazz londrina pelas mãos do bartender Henry McElhome, a pedido da esposa de um fiel cliente, que se chamava Alexander.

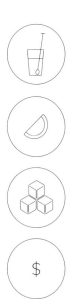

Refrescante, long drink

Ingredientes

Campari 30 mL
Vermouth rosso doce 30 mL
Água com gás 180 mL
Gelo
Guarnições e adornos:
Casca ou rodela de laranja e raspas de limão

Modo de preparo

Encha um copo alto com gelo. Adicione o vermouth e o Campari. Mexa suavemente os ingredientes para misturá-los. Complete o copo com água com gás. Decore com uma casca ou uma rodela de laranja.

Americano

Refrescante e levemente amargo, perfeito para ser apreciado como aperitivo e em harmonizações.

O drink Americano, criado por Gaspare Campari em Milão por volta de 1861, tem uma história ligada a outros três clássicos. Originalmente chamado de Milano-Torino, ele combinava Campari e Punt e Mes. Com a chegada de turistas americanos nos bares italianos em 1910, adicionou-se água gaseificada, transformando-o em um long drink. O Negroni pode ter sido uma resposta europeia ao estilo americano, e o Boulevardier, uma tréplica americana, substituiu o gin por bourbon. Esses coquetéis formam uma árvore genealógica: o Negroni é pai do Boulevardier, filho do Americano e neto do Milano-Torino. A linhagem pode continuar com a cachaça na escola brasileira, mas isso já é uma outra provocação.

harmoniza com

Sanduíches leves, canapés, pratos leves

convive com

Amendoim, queijos mais encorpados, carnes

não combina com

Alimentos picantes, alimentos gordurosos, sobremesas muito doces

Coquetéis clássicos: suas histórias e escolas

Aperitivo, short drink

Ingredientes

Bourbon ou whiskey
de centeio 30 mL
Campari 30 mL
Vermouth rosso doce 30 mL
Gelo
Guarnições e adornos:
Casca de laranja

Modo de preparo

Encha um copo baixo
com gelo para resfriá-lo.
Em uma coqueteleira,
adicione o bourbon,
o vermouth e o Campari.
Adicione gelo e agite bem
para misturar e resfriar
os ingredientes. Descarte
o gelo do copo baixo
e coe a mistura da
coqueteleira no copo.
Decore com uma casca
de laranja torcida.

Boulevardier

$$$

harmoniza com

Queijos envelhecidos,
carnes curadas,
chocolate amargo

convive com

Queijos cremosos,
chocolate meio amargo,
sobremesas pouco doces

não combina com

Queijos suaves,
alimentos picantes,
sobremesas muito doces

**Encorpado e amargo,
com sabores intensos.**

Depois de conhecer a história de seu antecessor, Americano, acredito que o surgimento do Boulevardier tenha decorrido de uma releitura provocativa ao gin, mas no mundo da coquetelaria, há sempre um nome por trás da história de cada drink, e o nome da vez é o escritor americano Erskine Gwynne, que frequentava um bar em Paris onde todos bebiam Negroni. Gwynne teria sugerido ao bartender que substituísse o gin londrino por bourbon americano, dando origem a uma lenda da coquetelaria.

Brandy Crusta

Aperitivo, short drink

Ingredientes

Conhaque 50 mL
Maraschino Luxardo 10 mL
Triple sec 10 mL
Suco de limão 20 mL
Xarope de açúcar 10 mL
Angostura 2 dashes
Açúcar
Limão-siciliano
Gelo

Guarnições e adornos:
Borda açucarada
e casca de limão-siciliano

Modo de preparo

Molhe a borda da taça com suco de limão e mergulhe-a em açúcar. Na coqueteleira, adicione o brandy, o suco de limão, o xarope de açúcar e o Angostura. Encha com gelo e agite 20 vezes. Coe o coquetel para o copo com borda açucarada. Decore com casca de limão-siciliano, torcendo-a sobre o coquetel para liberar os óleos aromáticos.

Elegante e equilibrado, com sabor cítrico e levemente amargo.

O ano é 1850 e uma nova moda surge na coquetelaria: guarnecer a borda dos copos com açúcar aromatizado e outros ingredientes. Para evidenciar a técnica, denominada crusta, bartenders do bairro mais antigo de Nova Orleans (French Quarter) passaram a utilizar copos mais baixos e sem um visual muito chamativo de vidraria. Isso também motivou os profissionais da época a utilizarem novos ingredientes para deixar as cores mais chamativas, e assim provavelmente nasceu o Crusta, que logo virou sinônimo de sabor e inovação.

harmoniza com
Sanduíches leves, canapés, pratos leves

convive com
Amendoim, queijos mais encorpados, carnes

não combina com
Alimentos picantes, alimentos gordurosos, sobremesas muito doces

Coquetéis clássicos: suas histórias e escolas

Aperitivo, short drink

Ingredientes

Gin seco 60 mL
Vermouth seco 30 mL
Gelo
Guarnições e adornos:
Esprema o óleo da casca de limão sobre a bebida
ou decore com azeitonas verdes

Modo de preparo

Resfrie a taça de serviço com gelo, girando-o com a bailarina. No mixing glass, adicione gelo em abundância, refrigerando com a mesma técnica da taça. Escorra a água do gelo que derreteu no processo, adicione as bebidas e mexa. Descarte o gelo da taça e sirva coando com o strainer. Adicione a azeitona.

Dry Martini

Pode variar de acordo com os insumos

---

harmoniza com
Queijos suaves, frutos do mar

convive com
Carnes magras, cereja/toranja

não combina com
Pratos condimentados, sobremesas doces, doces leves e cítricos

---

O mais clássico de todos os coquetéis, símbolo da coquetelaria e das técnicas puristas, é uma bebida poderosa e sutil.

Este coquetel é tão famoso que sua taça passou a ser utilizada como ícone da coquetelaria. O Dry Martini é uma variação do antigo Martinez que usa Old Tom Gin. É atribuído ao bilionário John D. Rockefeller, que teria pedido ao bartender John Martini um drink simples e seco, que virou moda. As proporções do drink são amplamente discutidas, e variam de uma insinuação de vermouth à proporção meio a meio. No Brasil, o Dry Martini é associado ao personagem James Bond, mas nos filmes, ele bebia uma variação chamada Jasper Martini, que integra a carta da IBA com o nome de Jasper. O custo do drink pode variar: com ingredientes premium e taças luxuosas, podem chegar a milhares de dólares.

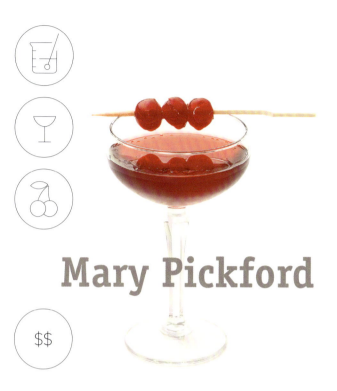

Mary Pickford

Aperitivo, short drink

Ingredientes

Rum branco 50 mL
Suco de abacaxi fresco 40 mL
Maraschino Luxardo 10 mL
Xarope de grenadine 10 mL
Gelo
Guarnições e adornos:
Cereja maraschino

Modo de preparo

Encha uma coqueteleira com gelo. Adicione o rum branco, o suco de abacaxi, o xarope de grenadine e o suco de maraschino. Agite para misturar bem os ingredientes e resfriar o coquetel. Coe o conteúdo da coqueteleira em uma taça de coquetel previamente resfriada. Decore com cereja maraschino.

Refrescante, frutado de coloração atrativa e viva.

Mais uma vez, um caso em que o cinema influencia os copos. No início da década de 1920, em visita a Cuba, a atriz Mary Pickford, celebridade do cinema mundial, recebeu um coquetel em sua homenagem. O coquetel está registrado no livro *When it's cocktail time in Cuba*, do jornalista Basil Woon (1928), que cita o bartender Fred Kaufman como autor do drink. Entretanto, diversas outras referências apontam que a criação é do bartender Eddie Woelke, autor do famoso coquetel El Presidente.

harmoniza com
Frutas secas, frutos do mar, saladas frescas
convive com
Queijos suaves, salmão, sobremesas tropicais
não combina com
Alimentos picantes, carnes vermelhas, queijos fortes

Negroni

Aperitivo, digestivo

Ingredientes

Gin 30 mL
Campari 30 mL
Vermouth rosso doce 30 mL
Gelo
Guarnições e adornos:
Meia rodela de laranja

Modo de preparo

Adicione o gelo ao copo. Guarneça com uma meia-lua ou um gomo de laranja. Adicione as bebidas na seguinte ordem: gin, vermouth rosso e Campari. A densidade das bebidas fará com que elas se misturem delicadamente.

harmoniza com
Embutidos leves, chocolate amargo, defumados leves
convive com
Carnes grelhadas, frutas, queijos intensos
não combina com
Alimentos picantes, queijos suaves, sobremesas muito doces

Amargo e equilibrado, com sabores intensos e um século de aprovação.

Conta-se que em 1919, o conde Camillo Negroni pediu ao barman Fosco Scarselli, no Caffè Casoni em Florença, que substituísse a água gaseificada do coquetel Americano por gin, a fim de criar um drink mais robusto e saboroso. O sucesso foi imediato, e o "coquetel do conde Negroni" passou a ser chamado apenas de Negroni, e tornou-se um dos mais populares do mundo. Apesar de dúvidas sobre a veracidade da história e a existência do conde, o Negroni integra a carta da IBA desde 1951. As histórias sobre o coquetel são tão ricas que poderiam formar uma genealogia conectando o Negroni ao Milano-Torino (avô), ao Americano (pai) e ao Boulevardier (filho).

Sazerac

Aperitivo, short drink

Ingredientes

Conhaque 50 mL
Absinto 10 mL
Açúcar 1 cubo
Peychaud's Bitters 2 dashes
Gelo
Twist de limão
Guarnições e adornos:
Twist de limão

Modo de preparo

Enxágue um copo baixo com absinto, girando-o para revestir as paredes internas do copo. Adicione gelo picado e reserve. Misture o conhaque, o açúcar e o bitter em uma coqueteleira, coloque gelo e mexa. Descarte o gelo e o excesso de absinto do copo. Coe a bebida misturada no copo e decore com twist de limão.

Aromático, potente e complexo.

O Sazerac, possivelmente o primeiro coquetel dos Estados Unidos, nasceu em Nova Orleans e está ligado ao boticário Antoine Amedie Peychaud, que criava misturas de brandies e bitters. Originalmente feito com o brandy francês Sazerac de Forge et Fils, foi substituído por rye whiskey devido à escassez de conhaque causada por uma praga que quase dizimou os vinhedos. A receita tradicional inclui whiskey de centeio, açúcar, absinto e bitters de Peychaud, com o copo enxaguado em absinto. Ícone da cultura de bares de Nova Orleans, é o coquetel oficial da cidade desde 2008.

harmoniza com
Frutos do mar, chocolate amargo, carnes defumadas
convive com
Queijos suaves, nozes, sobremesas suaves
não combina com
Pratos condimentados, alimentos gordurosos, queijos fortes

Aperitivo, short drink

Ingredientes

Whiskey bourbon 50 mL
Suco de limão fresco 30 mL
Xarope de açúcar 30 mL
Clara de ovo (opcional) 20 mL
Gelo

Guarnições e adornos:
Twist de limão ou cereja

Modo de preparo

Em uma coqueteleira, adicione o whiskey, o suco de limão e o xarope. Se estiver usando clara de ovo, adicione-a à coqueteleira. Coloque gelo até quase encher. **Agite vigorosamente para gelar e fazer uma espuma cremosa.** Coe a mistura num copo com gelo. Decore com twist de limão ou cereja.

Whiskey Sour

harmoniza com
Pratos cítricos e leves, bolos de massa branca, frutos do mar
convive com
Carnes grelhadas, canapés, pratos picantes
não combina com
Pratos condimentados, sobremesas muito doces, queijos fortes

Cítrico, doce e fácil de beber.

O Whiskey Sour, originado no século XVIII, surgiu da descoberta do cientista escocês James Lind sobre os benefícios das frutas cítricas contra o escorbuto, doença comum entre marinheiros, provocada pela falta de vitamina C. Marinheiros ingleses começaram a consumir limão regularmente, misturando-o com rum, ação que evoluiu para vários coquetéis. Com o tempo, o rum foi substituído por whiskey, criando o Sour. A primeira menção ao Whiskey Sour foi feita pelo jornal americano Plain Dealer. Durante a Lei Seca nos Estados Unidos, o coquetel enfrentou desafios, mas ressurgiu com a redescoberta de ingredientes frescos. Hoje, o Whiskey Sour é um clássico versátil que equilibra doçura, acidez e teor alcoólico.

Coquetéis clássicos contemporâneos

Black Russian
Bloody Mary
Caipirinha
Cosmopolitan
Grasshopper
Irish Coffee
Kir
Kir Royal
Long Island Ice Tea
Mai Tai
Margarita
Mint Julep
Mojito
Moscow Mule
Pina Colada
Pisco Sour
Sex on the Beach
Tequila Sunrise

Aperitivo/ digestivo/ estimulante físico, short drink

Ingredientes

*Vodka 50 mL
Licor de café 50 mL
Gelo
Cereja*
Guarnições e adornos:
Cereja ou twist de laranja

Modo de preparo

Encha um copo com gelo. Adicione vodka e licor de café simultaneamente. Decore com a cereja.

Black Russian

harmoniza com
Frutas secas, sobremesas com chocolate, bolos brancos
convive com
Carnes assadas, molhos suaves, nozes
não combina com
Pratos condimentados, sobremesas ácidas, pratos picantes

Simples e intenso.

Um coquetel extremamente simples, mas que pode perfeitamente definir o conceito de coquetelaria assertiva. Seu baixo custo e a facilidade de produção nem de longe denotam o encantamento que o seu sabor causa. O Black Russian é um coquetel simples e assertivo, composto por apenas três ingredientes que se harmonizam surpreendentemente. Quando um bartender consegue um resultado autoral com somente três ingredientes, é porque já superou as dificuldades da profissão. Criado por Gustave Tops para uma embaixatriz no hotel Metrópole, em Bruxelas, o drink combina vodka e café, daí seu nome. É um clássico contemporâneo na carta da IBA e pioneiro em coquetéis com café.

Bloody Mary

Aperitivo, short drink

Ingredientes

Vodka 50 mL
Suco de tomate 80 mL
Suco de limão fresco 20 mL
Molho inglês 2 dashes
Tabasco 2 dashes
Pimenta do reino 1 pitada
Gelo
Guarnições e adornos:
Aipo (salsão), limão

Modo de preparo

Adicione todos os ingredientes líquidos em uma coqueteleira e cubra com gelo. Realize rolling entre 6 e 10 vezes com cuidado para não aerar o suco de tomate. Com o strainer, coe direto para o copo de serviço. Guarneça com pimenta do reino, o talo de aipo (salsão) e um gomo de limão.

Emblemático, com umami e levemente picante.

O Bloody Mary, coquetel icônico, surgiu possivelmente durante a Lei Seca nos Estados Unidos, quando bartenders usavam vodka e especiarias para mascarar o cheiro de álcool. Atribuído a Fernand Petiot, do Harry's New York Bar em Paris, em 1920, o nome seria uma homenagem à rainha inglesa Mary. Outras histórias incluem sua criação em Chicago em um bar em que brigas eram constantes, até Ernest Hemingway pedir um coquetel que não exalasse a álcool para que sua esposa não descobrisse que ele estava bebendo. A receita foi adaptada várias vezes, incluindo ingredientes como gin e bacon. Hoje, o Bloody Mary integra a carta da IBA com vodka.

harmoniza com
Sanduíches frios, pratos apimentados, saladas

convive com
Frutos do mar, panquecas, omeletes

não combina com
Pratos muito gordurosos, sobremesas doces, laticínios

Coquetéis clássicos: suas histórias e escolas

Aperitivo, short drink

Ingredientes

Cachaça 50 mL
Açúcar 4 colheres de bar
Limão-taiti 1 unidade média
Gelo
Guarnições e adornos:
Limão, palito de sorvete ou de cana

Modo de preparo

Corte o limão ao seu estilo preferido e coloque os pedaços no copo. Adicione o açúcar e pressione levemente com o macerador para extrair o suco. Encha o copo com gelo, adicione a cachaça e misture suavemente com uma bailarina. Decore com um gomo ou rodela de limão e um palito. Adicione uma guarnição de gomo ou rodela de limão e o palito.

Sabia que dá para cortar o limão em muitos estilos diferentes?
A partir da página 144, você encontra as diferentes formas de cortar cítricos e muitas outras técnicas essenciais.

Caipirinha

harmoniza com
Churrascos e grelhados, moquecas, feijoada, cozidos, comidas de boteco

convive com
Saladas, queijos de alta cura, frutos do mar

não combina com
Pratos muito delicados, frutas frescas, sobremesas muito doces

Genuinamente brasileira.

A Caipirinha, coquetel mais conhecido do Brasil, tem suas raízes na mistura do limão, introduzido no país pelos portugueses que o utilizavam na prevenção de escorbuto nos navios, e a cachaça, o destilado mais antigo das Américas. Misturar cachaça com frutas e açúcar remonta ao Brasil colônia, e as histórias apontam diversas origens: como remédio caseiro contra gripes, ou como criação de Tarsila do Amaral na Semana de Arte Moderna de 1922, entre outras. Luís da Câmara Cascudo, em seu livro *História da alimentação no Brasil* (1967), credita o surgimento da Caipirinha às festas de fazendeiros em Piracicaba (SP), no século XIX.

Cosmopolitan

Aperitivo, long drink

Ingredientes

Vodka 40 mL
Cointreau 15 mL
Suco de limão fresco 15 mL
Suco de cranberry 30 mL
Gelo
Guarnições e adornos:
Casca de limão

Modo de preparo

Gele a taça previamente, girando o gelo com a bailarina. Encha uma coqueteleira com gelo, adicione a vodka, o suco de cranberry, o cointreau e o suco de limão. Bata vigorosamente para resfriar e misturar bem os ingredientes. Coe a mistura na taça resfriada. Guarneça com uma casca de limão torcida sobre o coquetel.

Sofisticado e refrescante.

Doce e ácido, o "Cosme", como é carinhosamente chamado pelos seus apreciadores, é um dos coquetéis mais sofisticados. Surgiu em Miami nos anos 1980, criado por Cheryl Cook no The Strand Bar. A receita original misturava vodka, suco de limão, triple sec e suco de cranberry. Dale DeGroff levou a receita para Nova York, adicionando suco de lima e trocando o triple sec por cointreau, batizando-o de Cosmopolitan. O drink ganhou popularidade nos anos 1990, em parte graças à série *Sex and the city*, em que a bebida apareceu como a favorita da protagonista. Hoje, é um ícone de elegância e sofisticação.

harmoniza com
Saladas, pratos com frango ou peru, sanduíches frios

convive com
Carnes magras, sobremesas cítricas, canapés leves

não combina com
Pratos gordurosos, pratos condimentados, sobremesas muito doces

Nutritivo, short drink

Ingredientes

Licor de cacau (branco) 20 mL
Licor de menta (verde) 20 mL
Creme de leite fresco 20 mL
Gelo

Guarnições e adornos:
Folha de hortelã

Modo de preparo

Gele a taça previamente, girando o gelo com a bailarina. Encha uma coqueteleira com gelo. Adicione o licor de menta, o licor de cacau e o creme de leite. Agite para misturar bem os ingredientes e resfriar o coquetel. Coe o coquetel para a taça resfriada. Decore com uma folha de hortelã.

Grasshopper

harmoniza com
Sobremesas com chocolate branco, sorvete de frutas, mousses doces

convive com
Salada de frutas, chocolates cítricos, bolos brancos

não combina com
Pratos salgados, pratos cítricos, sanduíches e embutidos

Aromático, doce e refrescante.

O Grasshopper (do inglês, gafanhoto), nomeado pela cor verde da mistura de creme de leite e licor de menta, surgiu nos anos 1950 no Tujague, segundo restaurante mais antigo de Nova Orleans. Criado por Philibert Guichet, que ficou em segundo lugar em um campeonato de coquetelaria em Nova York, o drink ganhou fama ao aparecer na série *The Big Bang Theory* (2007). No Brasil, o licor de cacau branco, essencial para a receita, é raro. Diferentemente do licor de cacau escuro, feito da castanha, o licor branco é feito da polpa, sendo claro e suave. Utilizar licor escuro altera a cor e descaracteriza o coquetel.

Irish Coffee

Nutritivo, estimulante físico, hot drink

Ingredientes

Whiskey irlandês 50 mL
Café quente 120 mL
Creme de leite fresco (refrigerado) 50 mL
Açúcar 1 colher de chá
Sem guarnições e adornos

Modo de preparo

Pré-aqueça uma xícara e adicione o açúcar. Coloque o whiskey irlandês na xícara e mexa bem para dissolver o açúcar. Adicione o café quente à xícara, deixando cerca de 2 cm de espaço no topo. Coloque o creme de leite batido por cima do café. Você pode usar as costas de uma colher para ajudar a despejar o creme lentamente para que ele flutue no topo ou utilizar uma bisnaga com bico fino para ajudar no processo.

Coquetel quente e acolhedor.

A história do Irish Coffee remonta ao aeroporto de Foynes, Irlanda, em 1943, quando Joe Sheridan, chef do restaurante local, foi convocado para preparar refeições aos passageiros de um voo retornado devido ao mau tempo naquela noite. A fim de entregar uma bebida que aquecesse os passageiros, o chef adicionou whiskey irlandês ao café. Batizada de Irish Coffee, a bebida ganhou fama graças ao jornalista Stan Delaplane, que levou a receita para São Francisco, nos Estados Unidos, em 1951. Foi no Buena Vista Café que Jack Koeppler e Joe Sheridan popularizaram o drink, que hoje é um clássico, com mais de duas mil canecas servidas anualmente.

harmoniza com
Sobremesas à base de café, chocolate amargo, biscoitos e bolos de massa escura

convive com
Chocolate ao leite, sobremesas à base de chocolate, doces cremosos à base de baunilha

não combina com
Alimentos cítricos, comidas gordurosas, alimentos condimentados

Coquetéis clássicos: suas histórias e escolas

Aperitivo, short drink

Ingredientes

Vinho branco seco 90 mL
Creme de cassis 10 mL
Sem guarnições e adornos

Modo de preparo

Em uma taça de vinho, coloque o creme de cassis e complete com o vinho branco. Mexa suavemente para misturar os ingredientes.

Kir

harmoniza com
Queijos suaves, frutos do mar, saladas

convive com
Canapés, aperitivos salgados, carnes brancas

não combina com
Pratos muito apimentados, carnes vermelhas gordurosas, sobremesas muito doces

Histórico, minimalista e levemente adocicado.

Felix Kir, um padre francês e herói da Segunda Guerra Mundial, salvou centenas de vidas no combate. Após a guerra, foi prefeito da cidade de Dijon por impressionantes 23 anos. Além disso, contribuiu com a cultura local e internacional ao criar o Blanc Cassis, uma bebida que combinava vinho branco Aligoté e creme de cassis, valorizando produtos regionais. O drink, símbolo de hospitalidade e elegância, ganhou popularidade mundial e passou a ser conhecido como Kir. Mais tarde, deu origem a uma versão sofisticada: o Kir Royal.

*Refrescante,
short drink*

Ingredientes

Champagne 90 mL
Creme de cassis 10 mL
Guarnições e adornos:
Cereja

Modo de preparo

Em uma taça, coloque o creme de cassis e complete com o champagne. Mexa suavemente para misturar os ingredientes. Decore com uma cereja.

Kir Royal

Sofisticado, refrescante e histórico.

A linhagem Kir, que inclui Kir, Kir Royal e Double K, tem uma história nobre. O padre Felix Kir, prefeito de Dijon, França, durante a Segunda Guerra Mundial, criou o Kir, uma mistura de vinho branco Aligoté e creme de cassis. Nobres franceses, ao retornarem a Paris, substituíram o vinho por champagne, criando o Kir Royal. A versão Double K surgiu quando o general russo Nikita Krushov adicionou vodka ao Kir Royal, tornando-o mais forte. Assim, os coquetéis evoluíram, refletindo influências culturais e históricas.

harmoniza com
Canapés, frutos do mar, saladas frescas
convive com
Queijos suaves, aperitivos salgados, carnes brancas
não combina com
Pratos condimentados, carnes vermelhas, sobremesas muito doces

Coquetéis clássicos: suas histórias e escolas

Refrescante, long drink

Ingredientes

*Vodka 10 mL
Tequila 10 mL
Rum branco 10 mL
Gin 10 mL
Cointreau 10 mL
Suco de limão 30 mL
Xarope de açúcar 20 mL
Coca-Cola
(até a altura do copo)
Gelo*
Guarnições e adornos:
Gomo de limão

Modo de preparo

Adicione os ingredientes na coqueteleira com gelo, exceto a Coca-Cola. Agite vigorosamente a coqueteleira por alguns segundos. Sirva no copo long drink e complete com a Coca-Cola. Decore com um gomo de limão.

Long Island Ice Tea

harmoniza com
Petiscos salgados, comidas grelhadas, comidas picantes
convive com
Frutos do mar, comida mexicana, churrasco
não combina com
Sobremesas muito doces, alimentos gordurosos ou com sabor muito forte

Forte, refrescante e complexo.

A origem do Long Island Ice Tea remonta à década de 1920, durante a Lei Seca americana, e teria sido criado por um homem conhecido como Old Man Bishop e aperfeiçoado por seu filho, Ransom Bishop, em Long Island, Tennessee. Essa versão usava whiskey e xarope de bordo. A versão atual foi criada por Robert Rosebud em 1972 para um campeonato de coquetéis no Oak Beach Inn, Long Island, Nova York. O "tea" do nome vem da cor dada pela cola, já que o drink não contém chá.

Mai Tai

Refrescante, long drink

Ingredientes

Rum carta prata
ou cristal 25 mL
Rum carta ouro 25 mL
Triple sec 20 mL
Xarope de amêndoas
20 mL
Suco de limão 30 mL
Xarope de açúcar 10 mL
Gelo
Guarnições e adornos:
Abacaxi, folha de hortelã
ou cereja

Modo de preparo

Em uma coqueteleira, adicione o gelo, o rum branco e o rum escuro, o suco de limão, o xarope de açúcar, o triple sec e o xarope de amêndoas. Agite bem e despeje no copo com gelo usando dupla coagem. Adicione gelo triturado por cima e guarneça com abacaxi, hortelã ou cereja.

Potente, refrescante e tropical.

harmoniza com
Petiscos levemente salgados, frutas tropicais, comida asiática
convive com
Frutos do mar, carnes brancas, queijos suaves, pratos levemente picantes
não combina com
Pratos muito picantes, alimentos gordurosos, alimentos muito doces

Em 1944, no Trader Vic's em Emervville, Califórnia, o bartender Victor Bergeron criou o Mai Tai, um blend de rum claro e rum escuro com licor de laranja. O nome vem da expressão polinésia "mai tai, roa ae!", que significa "delicioso, de outro planeta". O drink se tornou um ícone da coquetelaria Tiki. Embora seja frequentemente servido em copos decorativos, não é considerado um short drink na coquetelaria clássica.

Aperitivo, short drink

Ingredientes

Tequila 50 mL
Triple sec 30 mL
Suco de limão espremido na hora 30 mL
Gelo
Guarnições e adornos:
Borda de sal e limão

Modo de preparo

Prepare a crusta com suco de limão e sal na borda da taça. Em uma coqueteleira, adicione a tequila, o suco de limão e o licor e agite bem. Despeje no copo com cuidado para não tocar a crusta. Guarneça com uma rodela de limão. O serviço deve ser finalizado na frente do cliente para evitar que o líquido toque o sal durante o transporte.

Margarita

harmoniza com

Comida mexicana, frutos do mar, comida picante

convive com

Saladas, queijos suaves, frutas tropicais

não combina com

Queijos intensos, alimentos muito gordurosos, sobremesas muito doces

Agridoce, potente e inconfundível.

A Margarita, famosa por suas notas agridoces e crusta de sal, popularizou a tequila mundialmente. Sua autoria é disputada: alguns atribuem a criação à dançarina Marjorie King, que pediu a Carlos "Danny" Herrera para criar um drink com sal e limão. Outros creditam o drink ao bartender Danny Negrete, inspirado pela estrela Rita Hayworth. A socialite Margaret Sames também reivindica a criação em 1948, mas a receita já era anunciada em 1945. Sames ajudou a popularizar a Margarita ao sugerir que Tommy Hilton a incluísse nos bares de sua rede de hotéis.

Bartender profissional: fundamentos e técnicas essenciais

Mint Julep

Refrescante, long/short drink

Ingredientes

Whiskey bourbon 60 mL
Hortelã fresca
12 a 15 folhas
Açúcar 1 colher de bar
Gelo picado
Guarnições e adornos:
Ramo de hortelã

Modo de preparo

Em um copo tumbler médio (ou copo de prata), adicione as folhas de hortelã e o açúcar. Macere suavemente para extrair os óleos. Adicione o bourbon e misture com uma bailarina. Encha o copo com gelo picado e mexa suavemente para misturar o gelo com a bebida até o copo congelar. Decore com um ramo de hortelã.

Refrescante e aromático.

harmoniza com
Sobremesas de frutas, petiscos leves, saladas
convive com
Churrasco, queijos, frutos do mar
não combina com
Pratos muito picantes, alimentos gordurosos, alimentos muito doces

O Mint Julep, representante do Kentucky Derby, tradicional prova de turfe, tem sua história ligada à tradição de misturar bebidas com ervas e gelo. A menta foi adicionada por sugestão de farmacêuticos para minimizar a toxicidade das bebidas. Embora raro no Brasil, o Mint Julep é popular nos Estados Unidos, com 120.000 drinks vendidos anualmente nas corridas de Churchill Downs, em Louisville.

Refrescante, long drink

Ingredientes

Rum carta prata ou
cristal 50 mL
Hortelã fresca
15 a 20 folhas
Suco de limão fresco 10 mL
Açúcar 2 colheres de chá
Água com gás
Gelo
Guarnições e adornos:
Hortelã em ramo e limão

Modo de preparo

Em um copo alto,
macere as folhas de
hortelã com o açúcar.
Adicione o suco de limão
e misture. Encha o copo
com gelo até ¾, adicione
o rum e complete com a
água com gás.
Mexa suavemente
e guarneça com gomos
ou fatias de limão
e ramos de hortelã.

Mojito

harmoniza com
Comida cubana, petiscos leves, frutos do mar
convive com
Comida picante, saladas, tábua de queijos
não combina com
Alimentos muito fortes, muito gordurosos ou muito doces

Tropical e refrescante.

O Mojito é um dos drinks mais populares em bares de piscina e entre turistas em Havana e no Caribe. Sua origem exata é incerta, mas uma lenda atribui sua criação ao navegador Sir Francis Drake, que enfrentou uma epidemia de escorbuto e disenteria durante uma expedição. Sua tripulação encontrou uma mistura local de aguardente de cana, limão, garapa e hortelã, rica em vitamina C, que ajudou a combater a doença. A bebida foi chamada "El Draque" em homenagem a Drake. O Mojito moderno ganhou popularidade durante a Lei Seca nos Estados Unidos, especialmente em Havana, onde era apreciado por turistas que cruzavam a Flórida.

Moscow Mule

Refrescante, long drink

Ingredientes

Vodka 50 mL
Cerveja de gengibre (ginger beer) 120 mL
Suco de limão fresco 10 mL
Gelo
Guarnições e adornos:
Hortelã e limão

Modo de preparo

Encha com gelo um copo alto ou uma caneca de cobre. Adicione a vodka e o suco de limão. Complete com cerveja de gengibre. Decore com um gomo ou uma rodela de limão e um ramo de hortelã.

Refrescante, leve e aromático.

Criado em Los Angeles durante a Guerra Fria, o Moscow Mule é uma das bebidas mais comerciais da coquetelaria. Surgiu da união de três empreendedores com produtos encalhados: John Martin, que tinha a licença da vodka Smirnoff; Jack Morgan, com estoque de ginger beer; e Sophie Berezinski, com canecas de cobre. Em 1941, lançaram o Moscow Mule, que rapidamente se tornou um sucesso devido ao visual das canecas. No Brasil, a versão inclui espuma de gengibre, e o motivo foi explicado na página 158, no tópico sobre espumas.

harmoniza com
Comida mexicana, comida grelhada, frutos do mar

convive com
Petiscos salgados, comidas asiáticas, churrasco

não combina com
Pratos muito picantes, alimentos gordurosos, alimentos muito doces

Coquetéis clássicos: suas histórias e escolas

Refrescante, long drink

Ingredientes
Rum carta prata ou cristal 50 mL
Creme de coco 30 mL
Suco de abacaxi fresco 50 mL
Gelo
Guarnições e adornos:
Abacaxi e cereja

Modo de preparo
Em um liquidificador, adicione o rum, o suco de abacaxi e o creme de coco. Adicione gelo e bata todos os ingredientes até obter uma mistura homogênea e cremosa. Coloque em um copo alto e decore com uma fatia de abacaxi e uma cereja no topo.

Pina Colada

harmoniza com
Frutos do mar, sobremesas tropicais, comida caribenha

convive com
Frutas, carnes grelhadas, petiscos de praia

não combina com
Pratos muito picantes, alimentos gordurosos, sobremesas muito doces

Cremoso, tropical e refrescante.

Na coquetelaria, a Pina Colada é um dos drinks que mais sofrem alteração na receita. Qualquer mistura com abacaxi e coco é chamada de Pina Colada, devido à dificuldade de encontrar o creme de coco original, que é leve e pouco doce. Hoje, licores de coco têm alto teor de açúcar, e há variações com sorvetes de frutas, creme de leite e leite condensado. Embora agradáveis, essas versões mudam a finalidade do drink de refrescante para nutritivo, o que afeta a qualidade e harmonização. Bartenders devem entender essas mudanças ao adicionar proteínas como leite.

Pisco Sour

Aperitivo, nutritivo, short drink

Ingredientes

Pisco 60 mL
Suco de limão fresco 30 mL
Clara de ovo pasteurizada 1 unidade
Gelo
Angostura bitter (opcional)
Guarnições e adornos:
Algumas pitadas de bitter por cima ou raspas de limão

Modo de preparo

Em uma coqueteleira, adicione o pisco, o suco de limão, o xarope de açúcar e o gelo. Bata por alguns instantes e coe a mistura para separar o gelo. Volte a mistura para a coqueteleira, adicione a clara de ovo e realize um hard shake para criar uma espuma firme e cremosa. Transfira o coquetel para o copo de serviço.

Cremosa combinação entre sabores cítricos e doces.

O Pisco Sour é motivo de disputa entre Chile e Peru, que reivindicam a criação do pisco, sua matéria-prima. No Chile, o bartender Victor "Papudo" Rojas é creditado como criador do drink no início do século XX. No Peru, o coquetel é considerado patrimônio cultural, com um dia nacional comemorado no primeiro sábado de fevereiro. A história peruana atribui a criação ao bartender americano Victor Vaughen Morris, que fundou o Morris' Bar em Lima na década de 1920. É necessário ter cuidado ao servir esse coquetel, pois leva clara de ovo crua, o que no Brasil é desaconselhado pela Anvisa, mas bartenders usam clara pasteurizada como alternativa segura.

harmoniza com
Ceviche, comida peruana, petiscos salgados
convive com
Frutos do mar, tábua de queijos, chilli e tacos
não combina com
Pratos muito condimentados, alimentos gordurosos, alimentos muito doces

Coquetéis clássicos: suas histórias e escolas

Refrescante, long drink

Ingredientes

Vodka 40 mL
Licor de pêssego 20 mL
Suco de laranja fresco 40 mL
Suco de cranberry 40 mL
Gelo
Guarnições e adornos:
Laranja e cereja

Modo de preparo

Encha um copo alto com gelo. Adicione a vodka e o licor de pêssego. Coloque o suco de laranja e o suco de cranberry. Mexa suavemente para misturar os ingredientes. Decore com uma fatia de laranja na borda do copo.

Sex on the Beach

harmoniza com
Salada de frutas, bolo de frutas com massa branca, mousses doces e mousselines

convive com
Nachos, frutas, sushi

não combina com
Chocolate, alimentos gordurosos, picantes ou muito condimentados

Doce, tropical e refrescante.

O Sex on the Beach tem muitas variações e é popular no Brasil devido à sua coloração e nome extravagante, que combinam com a cultura dos bares brasileiros. Seu sabor doce também agrada ao paladar local. Criado em 1987 por Ted Pizio, bartender do Confetti's Bar em Fort Lauderdale, o drink surgiu de uma competição para vender mais schnapps de pêssego. Pizio misturou a bebida com vodka, suco de laranja e xarope de grenadine, e batizou o coquetel em homenagem aos turistas que visitavam as praias da Flórida. Devido à sua popularidade, há muitas variações do drink nos bares brasileiros. A receita em nosso país trocou a grenadine por suco de cranberry, alterando acidez, cor e custo.

Assista aqui:
a música que tornou o coquetel ainda mais famoso.

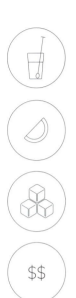

$$

Tequila Sunrise

Refrescante, long drink

Ingredientes

Tequila 50 mL
Suco de laranja fresco 100 mL
Xarope de grenadine 15 mL
Gelo
Guarnições e adornos:
Laranja

Modo de preparo

Em copo alto, adicione o gelo e a tequila. Adicione o suco de laranja e mexa suavemente para misturar. Coloque o xarope de grenadine lentamente no copo, deixando-o afundar até a base. Decore com uma rodela de laranja e uma cereja, se desejar.

Refrescante e colorido.

A versão original do coquetel nasceu no hotel Arizona Biltmore, em Phoenix, por Gene Sulit entre as décadas de 1930 e 1940. No entanto, foi a versão de Bobby Lozoff e Billy Rice, nos anos 1970, que ganhou fama. Eles apresentaram uma variação com tequila, suco de laranja e xarope de frutas vermelhas no The Trident Bar, ao norte de San Francisco. Em 1972, Mick Jagger elogiou a bebida em uma festa, e os Rolling Stones passaram a consumi-la regularmente. Em 1973, a música "Tequila Sunrise" dos Eagles trouxe ainda mais atenção ao drink. A marca José Cuervo incluiu a receita em suas garrafas, tornando o coquetel um clássico popular.

harmoniza com
Comida mexicana, frutos do mar, salada fresca
convive com
Carne grelhada, frutas, legumes grelhados
não combina com
Pratos muito condimentados ou gordurosos, sobremesas muito doces

Coquetéis clássicos: suas histórias e escolas

Espresso Martini
Spritz
Penicillin
New York Sour
Paper Plane

Coquetéis clássicos da nova geração

Espresso Martini

Estimulante físico, short drink

Ingredientes

Vodka 50 mL
Kahlúa 30 mL
Xarope de açúcar 10 mL
Espresso forte 50 mL
Gelo
Guarnições e adornos:
Grãos de café

Modo de preparo

Encha uma coqueteleira com gelo. Adicione a vodka, o licor de café, o café expresso e o xarope de açúcar. Realize primeiro um ou dois movimentos de throw para dissipar o vapor do café quente e, em seguida, agite vigorosamente a coqueteleira para misturar bem os ingredientes e criar uma espuma firme. Coe a mistura para uma taça de Martini previamente resfriada. Decore com grãos de café.

Energizante e saboroso.

harmoniza com
Sobremesas de chocolate, queijos cremosos, pratos com carne defumada
convive com
Carnes grelhadas, frutas, legumes grelhados
não combina com
Pratos muito condimentados ou gordurosos, sobremesas muito doces

O nome do coquetel Espresso Martini vem da taça em que é servido, não dos ingredientes do Dry Martini. Criado em 1983 pelo bartender londrino Dick Bradsell para atender a uma supermodelo que queria um drink estimulante, mistura vodka, açúcar, licor de café e uma dose de espresso. Com o café em alta, inclusive em versões geladas, o Martini Espresso rapidamente se tornou um clássico internacional, amado pelos fãs de cafeína.

Refrescante, long drink

Ingredientes

Prosecco 90 mL
Aperol 60 mL
Água com gás 90 mL
Laranja
Gelo
Guarnições e adornos:
Laranja

Modo de preparo

Monte a taça com gelo e rodelas de laranja. Em seguida, adicione as bebidas cuidadosamente para não dissipar a carbonatação, usando a seguinte ordem: Aperol, prosecco e água com gás. Mexa suavemente para misturar os ingredientes. Decore o copo com uma fatia de laranja.

Spritz

harmoniza com

Saladas, pratos leves de massa, sobremesas de verão

convive com

Queijos suaves, frutos do mar, aperitivos salgados

não combina com

Pratos salgados, alimentos picantes, queijos

Leve, refrescante e colorido.

O Spritz, inicialmente controverso na Itália, tornou-se um dos coquetéis mais populares no verão naquele país. Misturar vinho com água gaseificada é uma prática antiga, mas o Spritz moderno surgiu por volta de 1920 com a adição dos bitters Aperol (cítrico) e Select (herbal). Cada região da Itália tem sua própria receita, mas a combinação de bitter, prosecco e água gaseificada é apreciada mundialmente. Seu sabor único e baixo teor alcoólico se alinham com os novos hábitos alimentares, especialmente em países como Itália e França, onde o consumo de álcool vem diminuindo.

Penicillin

Refrescante, long drink

Ingredientes

Scotch whisky 50 mL
Scotch whisky envelhecido com notas defumadas 5 mL
Suco de limão fresco 30 mL
Xarope de mel 30 mL
Gengibre fresco fatiado 3 rodelas finas
Gelo

Guarnições e adornos:
Gengibre cristalizado ou fava de mel

Modo de preparo

Macere o gengibre fresco na coqueteleira e adicione o scotch whisky, o suco de limão e o xarope de mel. Encha com gelo e agite. Realize dupla coagem para um copo com gelo. Coroe com o scotch envelhecido e decore com gengibre cristalizado ou fava de mel.

Marcante e sofisticado.

O Penicillin, criado pelo australiano Sam Ross, é um drink da nova geração que combina notas defumadas, picantes, cítricas e doces. Ganhou notoriedade rapidamente e possui versões com diferentes tipos de whisky e até fumaça líquida. Recomenda-se usar mel de eucalipto e whiskey americano para um sabor mais picante e doce. O Penicillin é popular mundialmente e, apesar de ter uma receita registrada na IBA, é bem aceito com variações em diferentes bares.

harmoniza com
Salmão defumado, costela de porco ao barbecue, queijos defumados
convive com
Frango grelhado, queijos envelhecidos, sorvetes cítricos
não combina com
Pratos muito sutis, frutas frescas, sobremesas extremamente doces

Coquetéis clássicos: suas histórias e escolas

Aperitivo/nutritivo, short drink

Ingredientes

Whiskey de centeio ou bourbon 50 mL
Xarope simples 20 mL
Suco de limão fresco 30 mL
Clara de ovo pasteurizada 10 mL
Vinho tinto (Shiraz ou Malbec) 50 mL
Gelo

Guarnições e adornos:
Raspas de limão ou laranja e cereja

Modo de preparo

Em um copo de mistura, adicione o bourbon, o suco de limão, o xarope simples e a clara de ovo. Misture bem sem fazer espuma. Coe a mistura para o copo com gelo. Com cuidado, despeje o vinho tinto no coquetel sobre o verso da colher bailarina, para criar uma camada flutuante.

New York Sour

harmoniza com

Carnes grelhadas, queijos curados, carne de porco

convive com

Sobremesas com frutas vermelhas, queijos defumados, aperitivos salgados

não combina com

Pratos muito doces, pratos picantes, alimentos ácidos

Complexo e sofisticado.

Snap (ou float) é a técnica que consiste em adicionar um toque de vinho tinto ao coquetel pronto, realizando uma coroação no drink. Geralmente, são os sours os escolhidos para isso. Mas não se engane, a técnica é tão antiga quanto o próprio estilo sour. Verdade seja dita, adicionar uma boa coroação de vinho, principalmente os de uva Malbec, que são os melhores para esse fim, dão um visual muito bonito. A preparação também deixa o coquetel muito mais complexo. Costumo dizer que os sours são para todos os momentos, mas somente o New York Sour é para as noites de gala.

Aperitivo/digestivo short drink

Ingredientes
Whiskey bourbon 30 mL
Amaro Nonino 30 mL
Aperol 30 mL
Suco de limão fresco 30 mL
Gelo
Sem guarnições e adornos

Modo de preparo

Adicione todos os ingredientes a uma coqueteleira com gelo. Agite bem. Coe a mistura em uma taça de coquetel previamente resfriada.

Paper Plane

Encorpado e saboroso.

Adicionado há pouco tempo à carta da IBA, o Paper Plane foi originalmente criado no The Violet Hour, em Chicago, durante o verão de 2008. Idealizado por Sam Ross, misturava bourbon, suco de limão, amaro Nonino (que no Brasil é muito raro) e Campari. No entanto, logo depois o Campari foi substituído por Aperol, resultando numa versão mais suave e colorida do coquetel. Essa mudança transformou o drink em um sucesso instantâneo, sendo rapidamente adotado por bares renomados em Chicago e Nova York. Atualmente, o drink pode ser encontrado em diversos bares de cassinos em Las Vegas, o que está ajudando o Paper Plane a voar cada vez mais longe.

harmoniza com
Queijo defumado, carnes grelhadas, frutos do mar
convive com
Costela, pratos picantes, queijos curados
não combina com
Alimentos leves, pratos ácidos, sobremesas muito doces

Coquetéis clássicos inesquecíveis_página 167

Coquetéis clássicos contemporâneos_página 177

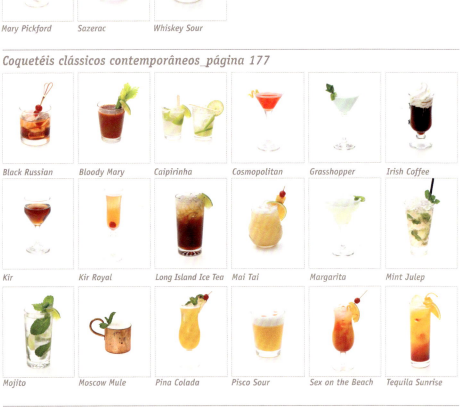

Coquetéis clássicos da nova geração_página 196

Saideira

Os coquetéis clássicos não costumam ser muito exuberantes ou cheios de elementos exclusivos, mas nem por isso suas construções são simples. Costumam apresentar sabores incríveis e bem estruturados, contemplam todas as técnicas da coquetelaria e levam em conta um fator muito importante: suas matérias-primas devem ser encontradas em todos os países em que a IBA está. Esse fator é primordial para que um coquetel seja alocado na carta da associação. Diferentemente da coquetelaria autoral e popular, que visa atender basicamente aos costumes e às preferências locais (país ou cultura) ou dos bares e estabelecimentos, esse tipo de coquetelaria não tem a pretensão de ser padronizada para o mercado internacional, mesmo que às vezes isso aconteça.

O fato de os países influenciados pela escola latina de coquetelaria não possuírem muitos representantes na carta da IBA não sinaliza que bebam menos coquetéis, mas que o consumo está mais voltado à cultura local e a ingredientes regionais, como é o caso do Brasil que, apesar de dispor de bares especializados em clássicos nos grandes centros, é na coquetelaria popular e autoral que se encontra sua maior representatividade, e é sobre isso que falaremos agora.

ATENÇÃO, BARTENDER!

Quando contamos a história de um coquetel, caminhamos sempre em possibilidades, visto que boa parte deles vem da transmissão cultural por oralidade. Muitas informações acabam se perdendo ou sofrendo alterações, nunca existe só uma possibilidade para o surgimento ou a criação dos coquetéis e a cada pesquisa que você realizar, novas possibilidades podem aparecer.

DICA

Use a tabela ao lado como um guia visual para localizar os coquetéis em seus grupos e ir para a página onde está a ficha técnica.

9 O clássico "chorinho" para o bom cliente

No Brasil, chorinho é um estilo de música, mas também é um termo muito comum na nossa profissão: é o nome que se dá ao costume que os clientes têm de pedir um pouquinho a mais, uma pequena dose extra da bebida que foi servida. Desse modo, que tal um chorinho das escolas clássicas da coquetelaria?

Como vimos, a maioria dos coquetéis clássicos pode ser facilmente associada a uma das três principais escolas, mas caso você ainda esteja confuso com isso, tente mentalmente desconstruir as receitas e analisar seus ingredientes. Essas informações, somadas ao tripé finalidade, modalidade e categoria, vão entregar o DNA da preparação.

Outro fato fácil de se observar é que grande parte dos coquetéis clássicos faz parte da escola europeia, que representa o berço da coquetelaria por deter, desde muito tempo, as matérias-primas e o hábito social de beber.

Já a escola americana é mais disruptiva nas produções: ela muda as bases de neutras e brancas para amadeiradas; por vezes, dilui as preparações; usa mais ingredientes em um só coquetel; e fortaleceu seu hábito e seus clássicos durante a época da Lei Seca.

A escola latina, por sua vez, se identifica com as duas: ora trabalha em cima das tradições europeias e produz receitas mais conservadoras, ora investe nos hábitos norte-americanos e viaja nas possibilidades, quase sempre tentando agradar sem causar muita polêmica, substituindo ingredientes conforme o que encontra; tem mais expressividade nos próprios países que a compõem do que no cenário das outras duas irmãs.

GUIA

Neste capítulo, vamos conhecer a escola brasileira de coquetelaria e entender por que apesar de fazer parte da escola latina, nosso país deveria ter a sua própria escola. Falaremos de tradição, inovação e releituras, além de trazer alguns coquetéis que fazem parte dessa categoria.

O Brasil é um país que originalmente está sob o grande guarda-chuva da coquetelaria latina e há tempos fazemos exatamente o que se espera dessa escola: buscamos substituir carinhosamente alguns ingredientes que não existem por aqui, dando um jeitinho para o coquetel sair. Como se diz: "a gente desenrola"! Por exemplo, a grenadine, mesmo que hoje seja feita de várias outras frutas vermelhas e não somente com sementes de romã, como as marcas antigas, conseguimos encontrá-la facilmente em lojas especializadas e até mesmo em supermercados, mas até pouco tempo atrás isso era praticamente impossível por aqui. Nem por isso o Sex on the Beach deixou de fazer sucesso por décadas no Brasil, pois no lugar da grenadine, utilizamos o nosso xarope mais tradicional, que nos acompanha desde que os italianos começaram a empreender no Brasil: a groselha. É assim que se faz na escola latina: quando não temos um ingrediente, substituímos por outro; se não conseguimos de um jeito, fazemos de outro; e assim vamos "desenrolando" como podemos e com o que temos.

Depois de ser bombardeado por influências externas no que tange aos hábitos alimentares, o Brasil começou a se desenvolver e fazer as pazes com seus costumes e preferências; começamos a valorizar mais a nossa cultura, os nossos hábitos e produtos. Em um cenário que representa um amadurecimento social, é justamente nesse crescimento que o Brasil se torna exclusivo.

Nas misturas populares fazemos tudo ficar melhor. Na coquetelaria popular, mudamos porque "gostamos de outro jeito", não para seguir um padrão. Passamos a macerar frutas além do tradicional limão e a misturá-las a dezenas de destilados ou fermentados, e como resultado, originou-se a nossa famosa batida, que por vezes ainda acaba ganhando uma porção de leite condensado. Pois bem, caros bartenders, o que precisamos para compor a nossa escola e apresentá-la para o mundo é ter orgulho de fazer do nosso jeito, além de pensar na "roupagem" para apresentar nossas bebidas da melhor forma. Vamos então conhecer ou relembrar alguns itens e histórias que nos enchem de orgulho, visitar copos que há muito tempo estão sobre os nossos balcões e pensar em como podemos utilizar novas roupagens ou polimentos para que eles conquistem seu verdadeiro valor no mundo da coquetelaria.

Escola brasileira
de coquetelaria à vista

Confesso que quando comecei a recuperar as receitas e histórias dos coquetéis tradicionais brasileiros, fiquei bastante interessado em revisitar seus sabores de maneira prática. A lembrança que eu tinha era de gostar de quase todos, mas fiquei em dúvida se agora que conheço outras preparações e possibilidades promovidas pelo mercado e pela preferência internacionais, com bebidas e coquetéis de certa forma elitizados, eu ainda gostaria daquelas misturas populares e simples. Talvez revisitá-las seria até mesmo "traumático", ou eu poderia me decepcionar quando experimentasse novamente um conhaque de gengibre com licor de cacau (escuro) ou um St. Remy com Cola, mas isso não aconteceu.

Depois de estudar bebidas e coquetelaria por duas décadas, a conclusão a que cheguei, quando voltei às origens do popular, é que essas misturas simples eram realmente boas e poderiam ser facilmente adaptadas ou polidas em técnica para atender aos mais exigentes mercados de bares. Quanto aos ingredientes, concluí também que em alguns momentos, marcas populares precisariam ceder lugar a rótulos mais conhecidos e aclamados, não por falta de qualidade, mas por ainda conversarem melhor com os hábitos dos consumidores que se encontram presos a tais marcas, e deixo isso bem claro, pois, acreditem: uma Maria Mole (MM), com vermouth branco

O clássico "chorinho" para o bom cliente

popular é tão boa quanto outra feito com bianco de Turin. E por falar em Maria Mole, compartilho a passagem que me fez lembrar desse coquetel enquanto pesquisava para trazer essas receitas para vocês. Em uma placa de letras (letrex) de um botequim no porto de Santos, li o seguinte:

CURIOSIDADE

O letrex é um painel com letras avulsas intercambiáveis, tradicionalmente usado em botecos brasileiros para exibir cardápios, preços e mensagens. Criado no Brasil, tornou-se icônico entre as décadas de 1950 e 1970. Além de informar, reflete a informalidade dos botecos, exibindo frases bem-humoradas e poesias. Hoje, é também um item decorativo que evoca nostalgia e tradição.

Quando perguntei ao bartender – assim devemos chamá-lo, afinal toda pessoa que comanda o balcão de um bar é um bartender, sem distinção, visto que os botequins oferecem o mesmo serviço que um bar de hotel ou pub – o que era o trio de ferro, ele respondeu: "É 'trinca de ferro', estava sem letrinhas para escrever tudo, mas é o mesmo preço a Maria Mole, o Bombeirinho e o Rabo de Galo. Vai de quê?"

Pedi uma Maria Mole e fiquei ali enrolando para beber. Enquanto isso, percebi uma enorme rotatividade de estivadores e pessoas que trabalham com serviços pesados no porto e que tinham o costume de beber aqueles coquetéis; e a julgar pelos sacos de lixo com garrafas vazias na frente do comércio, não era pouco. Só mais tarde descobri que "trinca de ferro" faz alusão aos maiores times de futebol de São Paulo e que os coquetéis estavam listados de forma que os torcedores tirassem sarro um dos outros.

Assim, copo a copo, fui revisitando misturas de todos os cantos sem me prender a nenhum preconceito. Um a um, fui provando coquetéis como Leite de Onça do Vale do Ribeira (SP); Caipicravinho de Salvador (BA);

Cataia com licor de menta de Ilha Comprida (SP); Rosca de Umbu de Maceió (AL); até as nutritivas vitaminas de ovos de pata com cerveja escura. Por vezes, encontrei bartenders com uma visão mais aguçada trazendo exemplos vivos de que a coquetelaria brasileira está crescendo, como um Jambu Sour que experimentei em Belém (PA). Toda vez que conhecia algo diferente, perguntava como aquela mistura teria surgido ou quem a teria inventado, e as respostas dos bartenders ou dos populares apresentavam, de alguma forma, a transmissão da cultura pelos antigos – fosse pelos avós, tios ou antigos patrões, as respostas variavam –, mas, de alguma maneira, resumiam-se a uma palavra: tradição.

Na cultura etílica brasileira, é assim que as coisas funcionam. Apesar de não notarmos, somos um país de tradições muito preservadas, principalmente no interior dos estados, onde costumes como um quebra-gelo, termo usado no sul e no sudeste para o shot de destilado antes de tomar a cerveja gelada, ou o capricho dos anfitriões nordestinos em servir uma tacinha do licor de jenipapo para baixar a empanzinação de uma refeição farta ainda fazem parte do cotidiano, assim como o uso das ervas, que há muito tempo dão origem a nossas garrafadas compostas, como a carqueja, jurubeba e catuaba, bebidas que formam uma incrível coleção de sabores nacionais e que só conhecemos graças à herança e à sabedoria dos povos originários brasileiros.

Esses são alguns poucos exemplos; poderíamos passar linhas e mais linhas falando dessas tradições, mesmo assim, certamente não seria a mínima parte delas, principalmente pelo fato de o Brasil ser um país gigantesco em extensão territorial e também no acolhimento e na integração de diferentes culturas, fator que possibilita a nós, bartenders brasileiros, o contato com as mais diferentes tradições e os mais variados hábitos de beber. Justamente por isso, quando se trata de bebidas, o brasileiro põe a mão em tudo: dominamos praticamente

O clássico "chorinho" para o bom cliente

todas as culturas etílicas, do beber ritualístico religioso aos concursos internacionais de produtos. Mesmo sem prestar atenção, fazemos isso muito bem e talvez até melhor, pois temos sempre barreiras e dificuldades a serem superadas; tudo nesse campo é mais difícil para nós.

Até pouco tempo atrás, diziam que o solo brasileiro não poderia produzir bons vinhos, mas não desistimos e, atualmente, produzimos alguns dos melhores vinhos do mundo em todos os tipos de solo: aprendemos a fazer bem os vinhos de solos tropicais e dominamos a técnica de colheita tardia.

Quando o gin passou a ser a bebida queridinha do momento, mesmo não tendo tradição nesse tipo de destilado, em menos de dez anos, o Brasil, com sua criatividade, despontou no segmento valendo-se de ingredientes como o cacau amazônico, puxuri e até pinhão, passando a produzir gins premiados internacionalmente.

Quanto à cachaça, o fato de não termos barris de carvalho não somente fez com que aprendêssemos a trabalhar melhor com essa madeira, como também fez nascer uma nova era na tanoaria (ofício de produzir barris), e hoje temos barris de dezenas de outros tipos de madeira que armazenam ou envelhecem nossa fantástica "branquinha". Se o mundo demonstra preferência por um amargo, fazemos com qualidade equivalente ou melhor, com um custo mais baixo – veja os bitters nacionais; faça um teste de degustação às escuras e perceberá que somos realmente produtores especiais e o mundo já está começando a se apropriar disso.

Esse hábito de fazer diferente a partir de algo que já existe é muito característico da cultura gastronômica brasileira. Claramente, a necessidade é parte importante disso, visto que na falta de algo, não desistimos facilmente e sempre iremos "desenrolar", mas não é só isso;

parece que há em nós uma certa necessidade de mudança contínua, um certo desconforto em fazer igual à última vez. Mesmo sem esquecer as tradições, cada vez que vamos fazer algo, não nos prendemos, mas partimos dela para ir além!

Há pouco tempo, estudando a cachaça com Felipe Jannuzzi, um grande amigo, conhecedor e estudioso desta bebida – e que, preciso dizer, vem fazendo um trabalho sensacional e pioneiro –, li em um dos seus artigos uma síntese com a qual concordei imediatamente, e que arrisco afirmar, é uma verdade incontestável, pensando na cultura gastronômica brasileira:

"Tradição e inovação devem andar em harmonia"
Felipe Jannuzzi, 2024

DICA

Ficou curioso? Leia o artigo completo de Felipe Jannuzzi em

Embora o artigo esteja falando exclusivamente da cachaça, o conceito pode ser aplicado a outras esferas da gastronomia líquida, principalmente à coquetelaria, pois se somarmos a ela o fator "técnicas", que são as ferramentas que utilizamos para chegar aos resultados, temos uma tríade que compõe as principais características da escola brasileira de coquetelaria (EBC), um conjunto que reúne características comuns a nossa própria cultura, inovação e modo de fazer e resultam na criação e produção de coquetéis com personalidade genuinamente brasileira.

Uma das pernas desse tripé é a tradição, pois bebemos o que bebemos desde muito antes de se classificar escolas ou padrões internacionais; temos o destilado mais antigo das américas e fazemos nossas misturas de acordo com regiões e seus costumes locais. A segunda é a inovação, pois o nosso desejo de mudança contínuo é o maior combustível para criar e fazer o novo, é quase um sentimento de descoberta e, ao contrário do que alguns puristas pensam, não fazemos isso porque estamos testando uma receita melhor, mas porque gostamos de novidades. Por último, a técnica, visto que adotamos uma maneira diferente de produzir os coquetéis. Montar, mexer e bater são processos comuns a todas as escolas de coquetelaria, mas é no sentido de quando usar cada uma que somos rebeldes. Por vezes, mexemos os montados, batemos os mexidos e montamos os batidos; o que passa despercebido pelo público, mas não deve passar ao verdadeiro profissional de bar. O motivo pelo qual mudamos as preparações diz muito sobre nossa escola.

Por exemplo, o Negroni é um drink muito antigo, extremamente fácil de se produzir e sua receita original pede uma técnica de montagem, visto que os ingredientes se misturam facilmente. Se obedecermos à sequencialidade por densidade, o coquetel não precisa de nenhuma outra ação para ficar homogeneizado. Veja:

Sequência de montagem clássica do Negroni

O gelo
vai primeiro, para evitar o transbordo do copo e para gelar as bebidas aos poucos conforme forem adicionadas, diluindo cada uma segundo a ordem.

A guarnição
vai antes da base, para que o gin, ao ser servido, consiga extrair suavemente seus óleos essenciais ao passar pela fruta.

O vermouth
vai em seguida, pois possui densidade maior que a do gin, levando em sua composição vários ingredientes, entre eles, um pouco de açúcar, que o deixa mais pesado, fazendo com que desça forçando o gin a se misturar.

O Campari
vai por último, pois sua maior densidade força sua descida e a mistura das outras bebidas, que sobem circulando o gelo e homogeneizando-se.

Perceba que existe uma técnica para a montagem do coquetel, baseada em explicações físicas, lógicas e incontestáveis. Mesmo assim, não é raro ver por aqui esse coquetel feito de outra forma. Talvez você esteja pensando que não o monta assim, mas antes de mudar sua forma de fazer, vamos analisar o seguinte: mesmo que o coquetel esteja fazendo sucesso em outros países sendo feito como sempre, ou seja, montado, talvez no Brasil não se faça o mesmo, pois o Negroni é um coquetel potente e de paladar mais forte, seus amargos e a potência do gin costumam assustar um pouco os clientes que não estão acostumados. Somando isso ao fato de no Brasil fazer calor (às vezes, até no inverno), a sensação do álcool só aumenta. Por isso, mesmo sem perceber, passamos a adaptar a receita e a utilizar a técnica de coquetéis mexidos. Vamos entender como fica a receita e os motivos que tornaram isso assertivo para a EBC:

Sequência de montagem do Negroni pela escola brasileira

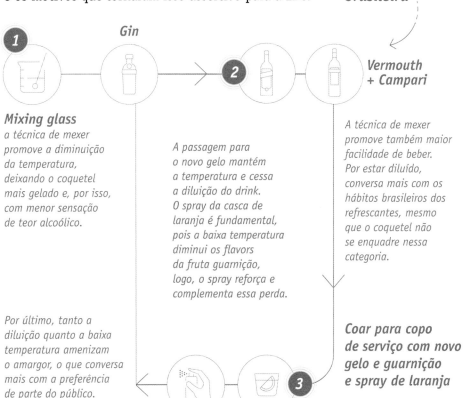

1

Gin

2

Vermouth + Campari

Mixing glass
a técnica de mexer promove a diminuição da temperatura, deixando o coquetel mais gelado e, por isso, com menor sensação de teor alcoólico.

A passagem para o novo gelo mantém a temperatura e cessa a diluição do drink. O spray da casca de laranja é fundamental, pois a baixa temperatura diminui os flavors da fruta guarnição, logo, o spray reforça e complementa essa perda.

A técnica de mexer promove também maior facilidade de beber. Por estar diluído, conversa mais com os hábitos brasileiros dos refrescantes, mesmo que o coquetel não se enquadre nessa categoria.

Por último, tanto a diluição quanto a baixa temperatura amenizam o amargor, o que conversa mais com a preferência de parte do público.

3

Coar para copo de serviço com novo gelo e guarnição e spray de laranja

Sem afirmar que um preparo é superior a outro, a intenção é mostrar alguns dos motivos que levam os bartenders brasileiros a mudarem o modo de produção e as técnicas por aqui. A maioria dos profissionais de bar faz essas reproduções e mudanças de maneira mecânica, sem saber ao certo por que estão fazendo, ou ainda, porque acham bonito (mise en scène), mas esse não é seu caso, profissional de bar ou entusiasta do mundo da coquetelaria que lê essas linhas. Para você, os hábitos nacionais, nossa tradições e técnicas são pontos norteadores já comprovados para um bar com personalidade e mais orgulhoso, com menos medo das produções genuínas, que conversam com nossas reais preferências.

Claro que podemos e devemos conhecer o mercado e nos apropriar de todas as cores e sabores que ele coloca a nossa disposição, afinal, é assim que se formam as culturas, mas não podemos ter vergonha nem medo de mostrar o que nos tornamos com esses ensinamentos. Pode parecer uma ideia romântica colocar a coquetelaria desse jeito, mas somos assim, gostamos de tudo mais doce.

Por falar nisso, algumas características populares que podemos observar como motivos para efetuar mudanças nas preparações e apoiar a definição da EBC (escola brasileira de coquetelaria) são:

Gostamos de tudo mais doce

Costumo brincar que os brasileiros não nascem, são plantados no açúcar e regados com mel, afinal, estamos no país do açúcar, claro que tudo seria mais doce. Colocamos açúcar até no abacate (somos o único país a fazer isso, e mais: temos até refrigerante de abacate, somos os únicos a explorar essa fruta ao máximo).

Gostamos de tudo mais gelado

Até mesmo nossa cerveja precisa vir nevada, branca de gelo em volta ou dentro de enormes baldes cheios de gelo até a boca; somos apaixonados por gelo, em cubos simples, translúcidos, especiais e até nossos refrigerantes são, na maioria das vezes, servidos com gelo.

Copos grandes e muito volume

Não gostamos de nada muito controlado, mas como na coquetelaria colocar muito volume pode significar um problema de potencial alcoólico, nos acostumamos a diminuir o volume alcoólico e diluir tudo com gelo, suco, refrigerantes ou qualquer outro elemento que possa dar volume e fartura ao copo.

Cítricos

Estamos muito acostumados a gostos cítricos, a maioria das nossas frutas do dia a dia são cítricas, e isso é ótimo, pois como gostamos muito do sabor doce, associar um cítrico é fundamental para criar harmonização. Nesse palco, quem brilha é o limão, seja cravo, taiti, rosa, capeta, vinagre ou galego, ele reina, e quando não é o limão, a laranja entra em ação, até mesmo no copo de refrigerante de guaraná.

CURIOSIDADE

Tudo no Brasil é diferente. Você se lembra dos hot drinks, aquela classificação de coquetéis que são servidos quentes, como o Irish Coffee, por exemplo? Apesar de sermos um país que gosta de tudo mais gelado, somos também o que mais consome coquetéis quentes. Você pode estar confuso agora, mas saiba que em apenas dois meses por ano, consumimos mais hot drinks que o resto do mundo. Não acredita? Então vou provar, com duas bebidas: quentão e vinho quente, caros bartenders! O que uma só quermesse nas festas de junho vende desses coquetéis em um dia, um bar do estilo pub no Brasil não vende de Irish Coffees durante um ano...

O clássico "chorinho" para o bom cliente

Agora você já viu como não é difícil detalhar fatores que nos fazem perfeitamente elegíveis a uma escola nossa de coquetelaria. Temos nossa própria cultura, e colocar todas essas culturas sob o guarda-chuva da escola latina, como se fôssemos todos iguais, é equivocado.

Outra abordagem que vem fortalecendo muito nossa ótica para construção da EBC é um movimento que importamos da gastronomia sólida, que exige mais do que imaginamos: estamos falando das releituras. Se você frequenta balcões mais cosmopolitas, costuma ver as redes sociais ou até mesmo alguns programas culinários, então certamente já ouviu essa palavra. Nota-se que o conceito cresceu muito (e isso particularmente me agrada bastante), mas precisamos compreender o que de fato é uma releitura. Podemos afirmar que é muito mais que simplesmente substituir ingredientes. Você sabe como acontece uma releitura?

Uma releitura conta uma história

De uma maneira prática, a releitura gastronômica é um ponto de vista pessoal a respeito de algo que já existe, ou seja, é quase uma resenha, é sua opinião pessoal a respeito daquele coquetel e, justamente neste sentido, faço um alerta aos bartenders mais novos de profissão: como você vai "reler" uma obra que nunca "leu"? Vemos com frequência profissionais e entusiastas ofertando uma releitura de um ou outro coquetel, e quando questionados se já provaram os originais, a resposta, surpreendentemente, é "não". Como assim?

Tal produção é como tentar fazer o resumo de um livro pelo título, sem conhecer o conteúdo, e sabemos que, às vezes, o título não fala muito sobre o livro. Dessa forma, em alguns casos, considero equivocado até mesmo oferecer um coquetel no estilo releitura a um cliente que nunca tenha provado o seu original.

O melhor seria sempre começar pelo clássico ou tradicional, para então chegar à releitura, que conta sempre uma história, uma trajetória de como foi que o bartender chegou a ela e o que oferece em relação ao sabor e ao conceito.

Venho trabalhando com releituras dos tradicionais brasileiros há algum tempo e considero que elas são super assertivas comercialmente, mas por vezes cansativas, principalmente pelas descrições de carta, que dão muito trabalho.

As descrições são diferentes de receitas: trazem informações do coquetel sem trazer o receituário da produção; abordam de maneira sucinta os itens e as técnicas utilizadas, mas nem sempre os entregam totalmente. É como uma insinuação ou brincadeira, que mexe com o cliente e faz com que ele tenha vontade de ver aquela produção como o bartender a vê, ou seja, sob a ótica daquele profissional.

Claro que alguns clientes querem somente uma bebida e a pedem porque gostaram do nome ou porque um ou outro ingrediente conversa com seus gostos pessoais, mas nem todos os clientes são assim, e embora sejam tão importantes quanto qualquer outro, uma releitura é desenvolvida para os perfis mais aguçados, aqueles mais questionadores e treinados, que gostam de um coquetel com um toque de exclusividade e, principalmente, de uma novidade.

É assim que nasce uma releitura.

O clássico "chorinho" para o bom cliente

Gabriela Gin Tônica	
Receita (utilizada em fichas técnicas de preparo para ajudar o profissional a padronizar a preparação)	- 50 mL de gin - 200 mL de tônica - Gelo - Laranja cortada em supreme, rodelas e twists - 13 cravos-da-índia - 3 paus de canela - Servido em taça Borgonha boca larga com canudo
Descrição de carta (utilizada para ajudar o cliente a conhecer o conceito do coquetel e, sucintamente, seus ingredientes)	*Refrescante mistura de gin brasileiro, com um mergulho no sabor da laranja-baía e a sensualidade do cravo e da canela. Isso não é somente um drink, é Gabriela! Como disse Jorge Amado:* *"O mundo é assim incompreensível e cheio de surpresas (...) o amor não se prova nem se mede. É como Gabriela. Existe e isso basta!" (Amado, 2008)*

Quer ver como é esse coquetel? Vai lá na página 230. Aproveite também para conhecer outros coquetéis da EBC.

Quadro 9.1 – Exemplo de descrição de carta em comparação à receita e suas aplicações

Perceba que mesmo não sendo muito mais longa que a receita, uma descrição de carta fala mais com os desejos do cliente, enquanto a receita orienta o profissional.

Sabendo disso e utilizando de conhecimentos técnicos, pontos de vista e expertises da coquetelaria clássica e tradicional, podemos nos valer das releituras para produzir coquetéis sensacionais. Se somarmos preferências regionais, temas específicos ou sazonais e seu próprio conhecimento, podemos ainda obter uma releitura em forma de homenagem. Compreenda que releitura, acima de tudo, não se sustenta somente em misturas às cegas ou substituições por falta de ingredientes, tampouco a subjetividade plena. É feita com base em muita informação e pesquisa e, preferencialmente, deve nascer no papel antes de surgir no copo. O planejamento de uma releitura deve ser feito de maneira a observar e conhecer o original, pensando de forma sistêmica como propor o novo. Os testes práticos vêm em um segundo momento, quando talvez somente os ajustes de medida sejam necessários. Caso contrário, não é técnica, e sim sorte!

Costumo contar uma história de como tradição, inovação e técnica fazem parte da EBC e como fazemos isso há tempos. Você deve se lembrar do ponche de Natal da minha avó, que comentei no capítulo 4, quando falávamos de padronização.

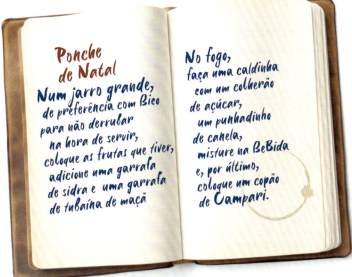

Ponche de Natal da minha avó

Agora vocês vão entender perfeitamente o motivo para essa receita estar alocada neste capítulo. Perguntei à minha avó de quem era essa receita e, segundo ela, todos os anos, o ponche era a mesma coisa: sidra, frutas e guaraná misturado; um dia, ela se cansou e quis trazer um novo sabor. Lembrou a receita e a escreveu no caderno (tradição), ficou pensando sobre o que fazer de diferente (inovação) que trouxesse mais cor, além de um sabor mais marcante. Foi ao mercado, e olhando as garrafas de bebida, percebeu que o Campari combinava com aquela receita, pois trazia notas amargas que contrastavam e davam uma cor atraente, principalmente se fosse acrescentado por último, o que chamamos de coroação (técnica).

O clássico "chorinho" para o bom cliente

Então, caros bartenders, releituras não são novidade. A maneira como se apresentam é a inovação, de fato. É claro que essa receita do ponche foi pensada para atender a uma festa de família, e foi necessário atualizá-la novamente para o mercado e o setor cosmopolita. Na minha versão, fiz de maneira que a ideia original do coquetel não perdesse totalmente a essência; dessa forma, continuo servindo o ponche, mas minha homenagem é sazonal e acontece no Natal, festa na qual a receita surgiu, e traz frutas com a técnica de smash (bem brasileira, vale lembrar), a sidra brut no lugar da doce e suco integral de maçã no lugar do refrigerante, além do bitter de cor vermelha, que traz representatividade com cor e sabor, agora com especiarias e passas. Atualmente, o ponche da minha avó é servido assim:

Christmas Cider Ponch

Smash de frutas amarelas em um generoso copo de sidra brut e suco de maçã, coroado com Campari infusionado em passas e especiarias.

Certamente, se você pesquisar entre conhecidos e familiares, irá encontrar histórias e receitas tão encantadoras quanto essa, e que podem ser releituras ou render homenagens. Essas histórias fazem parte de nossas melhores cartas de bebidas hoje; outras formas são técnicas puras de pesquisa para o mercado, um pouco mais duras e comerciais, menos românticas, mas nem por isso são menos assertivas. Podem ser feitas com outros ingredientes e copos para atender a um nicho específico de mercado.

Chevette	
original	*releitura*
• Gelo de água de coco de caixinha • Coquetel alcoólico sabor limão • Suco em pó de baunilha com limão • Coquetel montado com serviço em copo long drink liso com rodelas de limão	• Gelo de água de coco natural • Vodka Absolut Citron • Licor de Amarula Vanilla Spice • Coquetel batido com serviço em dupla coagem em taça Coupette e spray de laranja para aromatizar

Quadro 9.2 – Exemplo de receita original de drink e uma releitura

A receita do Chevette original e a história do coquetel estão na página 233.

Perceba que o coquetel mantém em sua releitura o conceito da mistura, mas migrou de long drink refrescante para aperitivo.

Quanto aos ingredientes, o gelo de coco é feito com água de coco natural, sem os conservantes e realçadores de sabor que estão presentes em algumas marcas da versão em caixinha, pois tais realçadores costumam modificar o sabor das bebidas alcoólicas, metalizando-o.

A bebida mista saborizada de limão deu lugar a uma vodka conhecida no mercado, na versão cítrica, e o refresco de baunilha em pó deu lugar a um licor com baunilha de Madagascar e especiarias, que por se tratar de um licor creme, ao bater o coquetel, a cor continua muito próxima à receita original.

Já em relação ao serviço, em vez de usar um copo liso, se vale da taça Coupette, que faz muito sucesso para apresentação de coquetéis de alta performance.

Um sinal para atestar que sua releitura está no caminho certo é quando você consegue explicar o motivo pelo qual utilizou cada técnica ou substituição. Outra forma de se trabalhar releituras são as produções sem álcool, os famosos mocktails, como vêm sendo chamados, que representam oportunidades de ouro para se trabalhar a coquetelaria.

Mocktails

Antes de falar sobre os coquetéis sem álcool, vamos relembrar que o termo coquetel é definido como a mistura de dois ou mais ingredientes, caso contrário, temos um drink. Nesta obra, para fins de padronização, estabelecemos que coquetéis são a mistura de dois ou mais ingredientes não considerando o gelo. Então, qual a diferença entre um coquetel de frutas e um suco feito com duas frutas?

Mentes mais questionadoras devem ter até parado a leitura para tentar responder a essa pergunta. Vamos lá, releia o parágrafo e tente responder, é um ótimo exercício. Caso tenha chegado a qualquer conclusão diferente de "técnica" você errou, pois somente esse quesito diferencia esses produtos. Diferente dos sucos de frutas e vitaminas, os coquetéis sem álcool ou mocktails seguem as mesmas finalidades dos coquetéis alcoólicos.

Mesmo não utilizando álcool, devem ser enquadrados como aperitivos, nutritivos, refrescantes, digestivos ou estimulantes físicos, então, ao criar, adaptar ou reler um coquetel, transformando-o em uma opção álcool free, o bartender deve contemplar o motivo pelo qual o coquetel existe e, em seguida, as modalidades e categorias são aplicadas com a mesma assertividade técnica.

Um erro grave é servir um coquetel se baseando somente nos ingredientes; precisamos sempre trazer o máximo de equivalência a esses itens. Parece difícil?

O Sex on the Beach é um bom exemplo, pois é um dos clássicos que mais passaram por mudanças, comportando-se quase de acordo com a flutuação do mercado de bebidas: ora seu degradê é produzido com suco de cranberry, ora com grenadine, ou ainda, com xarope de frutas vermelhas. Essas são só algumas das mudanças. Acompanhe no quadro a seguir como nasce uma releitura técnica de um clássico ou popular, realocando cada item de maneira a se comportar e servir como os originais:

Sex on the Beach (tradicional)	Kiss on the Beach (mocktail)
• Vodka: álcool neutro, que traz notas leves de ardor • Licor de pêssego: doce e de grande densidade, promove o sabor da fruta em conserva • Suco de laranja • Xarope de frutas vermelhas	• Infusão de zimbro e gengibre: imitam as notas de ardor da vodka por conta dos ingredientes picantes, mas sem álcool • Calda de pêssego: possui quase a mesma densidade e o sabor doce do licor, mas sem álcool • Suco de laranja • Xarope de frutas vermelhas

Quadro 9.3 – Exemplo de receita original de um coquetel e sua versão mocktail

Uma releitura de um clássico ou tradicional para o conceito mocktail deve corresponder ao sabor do coquetel original, utilizando substituições e técnicas para chegar o mais próximo possível deste sem a presença do álcool. Assim, a pessoa que vai degustar conseguirá desfrutar de um sabor similar ao da bebida original. Existem também coquetéis sem álcool autorais, e nesse campo, vale tudo, desde que se utilize o conceito de coquetelaria, como já vimos, caso contrário, estaremos nos referindo a sucos mistos.

Outra linha de coquetéis não alcoólicos que vem fazendo sucesso é a dos ditos "adaptogênicos", termo comumente utilizado para indicar substâncias lícitas que ajudam o corpo a reagir de forma positiva ao stress, seja físico ou mental. A coquetelaria está lentamente aderindo a essa novidade em alguns países, talvez atendendo a uma mudança comportamental das gerações mais novas e às tendências de deslocalização. O tema é bastante interessante e, nesse contexto, ingredientes como chás, tisanas e outras infusões de raízes e ervas são as matérias-primas principais.

Coquetéis populares e autorais da escola brasileira

Rabo de Galo
Rabo de Galo (homenagem)
Quentão
Vinho Quente
Gabriela Gin Tônica
Wasabi Martini
Maria Mole
Chevette
Caju Amigo
Tangerina Sour
Mocashake
Carashake

O clássico "chorinho" para o bom cliente

Aperitivo, short drink

Ingredientes
Cachaça 50 mL
Vermouth tinto 50 mL
Cynar 20 mL
Gelo
Guarnições e adornos:
Casca de laranja ou limão

Modo de preparo
Em um copo baixo, adicione a cachaça, o vermouth tinto e o Cynar. Sirva somente montado, com as bebidas geladas em copo caninha ou com gelo em cubos no copo Old Fashioned ou Rocks. Se desejar, guarneça o copo com uma casca torcida de laranja ou limão.

Rabo de Galo

harmoniza com
Petiscos de vitrine, porções de boteco, bolinho de bacalhau

convive com
Queijos intensos, churrasco, chocolate amargo

não combina com
Hambúrguer com cheddar, queijos fortes e intensos, sobremesas muito doces

Encorpado e de sabor intenso.

Não é raro ouvir bartenders dizerem que o Rabo de Galo (RDG) é o drink brasileiro do momento, mas não é nada disso. O coquetel é uma tradição bem antiga e, sem dúvidas, se somarmos as suas variações, é o drink mais consumido do Brasil. Provavelmente, sua história sem lendas venha da facilidade de se encontrar cachaça e da introdução das marcas de vermouth e outros amaros no país entre as décadas de 1940 e 1960. Além disso, a mistura cultural e dos hábitos dos diferentes povos que habitam nosso país pode ter sido a incubadora deste coquetel. Acontece que só agora ele alcançou a fama nos palcos mais badalados, e isso graças ao nosso querido e eterno mestre Derivan, a quem homenageio na próxima receita.

Rabo de Galo
(homenagem)

Aperitivo, short drink

Ingredientes
Cachaça 40 mL
Vermouth tinto 30 mL
Cynar 20 mL
Licor Fogo Paulista 20 mL
Bitter Angostura 1 dash
Gelo
Guarnições e adornos:
Casca de laranja-pera

Modo de preparo
Na coqueteleira, adicione todas as bebidas e aplique um hard shake. Sirva com dupla coagem na taça Martini previamente gelada. Guarneça o copo com uma casca de laranja-pera torcida.

Encorpado e de sabor intenso.

Esta é a minha versão do Rabo de Galo, uma singela contribuição à última obra do mestre Derivan. Uma releitura, visto que há a adição de outros ingredientes à receita tradicional. A técnica de bater severamente o drink baixa a temperatura e a percepção do álcool, deixando o coquetel mais sutil. A adição do licor Fogo Paulista é um modo de trazer um toque de dulçor e apresentar essa sensacional bebida. Atualmente, venho servindo o coquetel coroado por uma espuma de caldo de cana orgânica.

Vamos lá! Que tal sair do convencional e mergulhar nesse sabor? Lembrando sempre que só podemos reler algo após ter lido uma primeira vez.

harmoniza com
Petiscos de vitrine, porções de boteco, bolinho de bacalhau

convive com
Queijos intensos, churrasco, chocolate amargo

não combina com
Hambúrguer com cheddar, queijos fortes e intensos, sobremesas muito doces

O clássico "chorinho" para o bom cliente

Hot drink, autoral/popular

Ingredientes
Cachaça 1 L
Água 1 L
Açúcar 2 xícaras
Laranja 4 rodelas
Casca de limão 1 unidade
Gengibre 24 lâminas
Cravo-da-índia 8 unidades
Canela em pau 4 unidades
Guarnições e adornos:
Laranja e canela

Modo de preparo

Em uma panela, ferva água, açúcar, gengibre, cravos, canela, casca de laranja e limão por 10 minutos em fogo médio. Adicione cachaça, misture e aqueça por mais 5 minutos sem ferver. Desligue o fogo, deixe descansar e coe para remover os pedaços de gengibre, cravos e cascas.

Quentão

harmoniza com
Comidas de festa junina, queijos, embutidos
convive com
Petiscos salgados, sobremesas de inverno, chocolate
não combina com
Pratos muito picantes, pratos gordurosos, sobremesas muito doces

Encorpado e quente.

A tradição de aquecer bebidas com raízes, ervas e frutas foi introduzida na cultura brasileira pelos portugueses na época colonial. Popularizado nas festas religiosas de junho, o quentão com cachaça é considerado uma criação brasileira, possivelmente originada em Minas Gerais. Não há uma receita única, pois cada versão conta uma história diferente. A receita mais comum, descrita aqui, é a mais reproduzida, sendo considerada a receita padrão do coquetel.

Vinho Quente

Hot drink, autoral/popular

Ingredientes

Vinho tinto (suave ou seco) 750 mL
Água 375 mL
Açúcar 6 colheres de sopa (ou a gosto)
Canela em pau 2 unidades
Cravo-da-índia 8 unidades
Maçã 2 unidades em cubos
Gengibre sem casca 6 lâminas
Laranja 2 unidades em rodelas

Guarnições e adornos:
Maçã e canela

Modo de preparo

Em uma panela grande, misture a água, o açúcar, a laranja, os cravos, a canela, a maçã e o gengibre. Leve ao fogo médio, ferva por 5 minutos, mexendo para dissolver o açúcar. Reduza o fogo, adicione o vinho e aqueça sem ferver. Coe a bebida para remover as especiarias e cascas.

Acolhedor e quente.

O Vinho Quente, conhecido em algumas regiões do Brasil como Quentão, tem uma história rica e curiosa. Em São Paulo, é chamado de Vinho Quente, enquanto no sul do Brasil, é chamado de Quentão, nome paulista para o coquetel feito com cachaça. A tradição de aquecer o vinho e adicionar ingredientes remonta à própria história da bebida. Alguns acreditam que a receita chegou ao Brasil por meio dos grogs (tipo de coquetéis que levam água quente, chás e outras ervas misturadas a bebidas alcoólicas), mas isso é incerto. A receita do Vinho Quente é flexível e varia de acordo com a região e a preferência pessoal, destacando sua importância cultural. A melhor receita é aquela que você faz.

harmoniza com
Queijos, chocolates, frutas secas

convive com
Sopas creme, assados leves, pratos condimentados

não combina com
Pratos muito picantes, alimentos com sabores fortes ou muito doces

O clássico "chorinho" para o bom cliente

Refrescante, long drink

Ingredientes
Gin 50 mL
Tônica 200 mL
Supreme longo de laranja-
-baía 1 unidade
Twists de laranja-baía
6 unidades
Canela em pau 2 unidades
Cravo-da-índia em flor
7 unidades
Canudo, espeto de bambu
ou misturador
Gelo
Guarnições e adornos:
Supremes de laranja em
palitos de bambu ou stirs

Modo de preparo
Prepare todas as guarnições de laranja. Monte a taça alternando gelo, supreme, cravo e canela. Adicione delicadamente o gin em movimentos circulares e adicione a tônica vagarosamente para não dispersar o gás. Mexa devagar com uma bailarina.

Gabriela Gin Tônica

Refrescante mistura de gin e tônica com twists e supremes de laranja-baía, cravo e canela.

A criatividade brasileira é essencial para o sucesso na coquetelaria, especialmente com o gin, que se tornou a base de muitas bebidas. Gin Tônicas são feitos com diversos ingredientes, de chá a flores. Anos atrás, recém-chegado de uma viagem a Salvador e inspirado pela leitura de Jorge Amado, criei o coquetel Gabriela, que costumo servir com um bilhete com uma citação do autor: "O mundo é assim incompreensível e cheio de surpresas. O amor não se prova nem se mede. Existe, isso basta". Gabriela combina laranja-baía, cravo e canela, oferecendo uma experiência única.

harmoniza com
Pratos ácidos, embutidos, saladas de frutas
convive com
Massas com molho, peixes, pratos leves
não combina com
Queijos curados, doce de leite, risotos

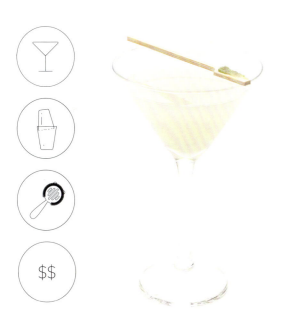

Wasabi Martini

Aperitivo, short drink

Ingredientes

Saquê soft 100 mL
Vermouth seco 50 mL
Água de rosas 10 mL
Suco de limão 10 mL
Pasta de wasabi cerca de ¼ de colher de café
Gelo
Guarnições e adornos: Laranja em canoa/flor

Modo de preparo

Em uma coqueteleira, adicione todos os ingredientes e aplique um hard shake. Coe a mistura para uma taça Martini gelada. Guarneça com uma canoa ou flor de laranja.

Energizante, leve e exuberante.

Certa vez, em um restaurante japonês, questionei a falta de coquetéis que combinassem com a comida. O proprietário respondeu que seria difícil criar algo que harmonizasse com a culinária japonesa, que era, ao mesmo tempo, simples e complexa. Isso me inspirou a pesquisar e uma das possibilidades seria trazer elementos com umami, sabor picante e floral. Assim nasceu o Wasabi Martini, um drink de baixo potencial alcoólico e refrescante, perfeito para acompanhar sashimi. Essa história ilustra como o inconformismo pode levar à criação de drinks autorais.

harmoniza com
Sushis e sashimis, saladas de folhas e frutas, pokes e comidas havaianas

convive com
Carnes brancas, frutas, legumes grelhados

não combina com
Pratos muito condimentados ou gordurosos, sobremesas muito doces

O clássico "chorinho" para o bom cliente

Aperitivo, short drink

Ingredientes
Brandy de gengibre 50 mL
Vermouth branco 50 mL
Gelo
Guarnições e adornos:
Meia-lua
ou twist de laranja

Modo de preparo
Bater suavemente o brandy e o vermouth com gelo na coqueteleira e passar para o copo de serviço, guarnecendo com o twist de laranja.

Maria Mole

harmoniza com
Pratos ácidos, embutidos de média cura, doce de leite
convive com
Doce de leite, bolos, pratos leves
não combina com
Queijos curados, doce de leite, salada de frutas

Potente, doce e minimalista.

Mais um coquetel popular brasileiro cuja verdadeira origem do nome nunca saberemos. Segundo ouvi de bartenders mais antigos (aqueles que, nos botecos tradicionais, nos atendem com aventais brancos como a cor de seus cabelos), é uma bebida de carnaval. Atualmente, é muito raro alguém pedir essa mistura. Mas vamos lembrar que até pouco tempo ela fazia parte da famosa trinca de ferro (ver capítulo 9, p. 208). Apesar de ser um coquetel bicomponente simples, o conhaque de gengibre, junto com o vermouth branco, é um verdadeiro oásis de possibilidades para releituras.

Chevette

Refrescante, long drink

Ingredientes
Água de coco de caixinha 200 mL
Coquetel alcoólico sabor limão 100 mL
Suco em pó de baunilha com limão 1 unidade
Guarnições e adornos: *Limão*

Modo de preparo
Congele a água de coco. Na coqueteleira, misture o coquetel alcoólico e o suco em pó e agite para misturar bem os ingredientes. Coloque o gelo de coco em um copo e acrescente a mistura. Decore com limão.

Doce e refrescante.

O coquetel Chevette é popular no Brasil por ser doce, fácil de fazer, barato e delicioso. A origem do nome é incerta, com histórias curiosas, como a de que após uma bebedeira, uma pessoa teria entrado num Chevette que não era seu. A cor do drink lembra o carro dos anos 1980. Sua representatividade é tanta que em uma festa em São Paulo, quase sete mil copos foram vendidos em três dias, mostrando seu sucesso comparado a outros coquetéis famosos.

harmoniza com
Frutas cítricas doces brigadeiro e doces de festa, chocolate branco
convive com
Bolos tradicionais, biscoitos doces, churros
não combina com
Carnes em geral, queijos e embutidos, pratos condimentados

O clássico "chorinho" para o bom cliente

Refrescante, long drink

Ingredientes
Vodka 50 mL
Suco de caju 180 mL
Xarope de açúcar 20 mL
Suco de limão 10 mL
Gelo
Guarnições e adornos:
Caju

Modo de preparo

Em uma coqueteleira, adicione a vodka, o suco de caju, o xarope de açúcar e o suco de limão. Adicione gelo e agite para misturar bem os ingredientes e resfriar a bebida. Coe a mistura para um copo alto com gelo fresco.

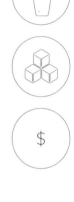

Caju Amigo

harmoniza com
Pratos picantes, frutos do mar, petiscos salgados
convive com
Saladas, sobremesas com frutas, comida mexicana
não combina com
Pratos muito salgados ou gordurosos, sobremesas muito doces

Refrescante e com a cara do verão brasileiro.

O Caju Amigo, criado pelo bartender Guilhermino Ribeiro dos Santos nos anos 1970 no Bar Pandoro, é um coquetel autoral paulistano adotado pelo Brasil. Feito com compota de caju, tem um papel muito importante, pois traz a maior representatividade da fruta genuinamente brasileira na coquetelaria. Pouco explorado pelos bartenders, pode levar Cajuína ou refrigerante de caju para releituras e homenagens.

$$

Tangerina Sour

Refrescante, long drink

Ingredientes
Cachaça repousada em jequitibá 50 mL
Suco de tangerina 150 mL
Suco de limão 10 mL
Açúcar de suspiro 3 colheres de bar
Gelo
Guarnições e adornos:
Folhas de hortelã ou capim-santo e frutas da estação

Modo de preparo
Bata suspiro no liquidificador até obter um pó fino. Em uma coqueteleira, adicione todos os ingredientes e aplique hard shake. Coe e aplique dry shake. Passe a mistura para um copo long drink com gelo novo. Guarneça com palito de frutas da estação e folhas aromáticas.

Refrescante, ácido e com a cara da escola brasileira.

O Tangerina Sour representa a coquetelaria brasileira ao combinar ingredientes nacionais, técnicas variadas e serviço em copo com troca de gelo. Utiliza cachaça em madeira brasileira e suspiro, doce genuinamente brasileiro, para substituir clara e açúcar, criando uma textura cremosa e complexa, sem riscos de contaminação. Criado para uma carta de inverno, o coquetel combate o frio com ousadia e é amado por todos que o provam.

harmoniza com
Pratos com palmito, frutos do mar, pratos ácidos
convive com
Saladas, sobremesas com frutas, comida mexicana
não combina com
Pratos muito salgados, cozidos muito pesados, sobremesas muito doces

O clássico "chorinho" para o bom cliente

*Nutritivo,
long drink*

Ingredientes

Sorvete de creme 2 bolas (140 mL)
Conhaque de alcatrão 50 mL
Calda de chocolate 20 mL
Licor de chocolate 30 mL
Chantilly
Guarnições e adornos:
Bombom (Bis)

Modo de preparo

Adicione o sorvete, o conhaque de alcatrão e o licor de chocolate no liquidificador e bata em velocidade baixa até obter um creme com a consistência de milkshake. Cruste o copo internamente com a calda de chocolate. Despeje o coquetel no copo e cubra com o chantilly. Guarneça o copo com um bombom e sirva com um canudo grosso. Adicione uma guarnição de gomo ou rodela de limão e o palito.

Mocashake

Nutritivo, revigorante e delicioso como sobremesa.

harmoniza com
Sobremesas de chocolate

convive com
Bolos e biscoitos

não combina com
Pratos muito condimentados

A frase "A arte imita a vida", de Aristóteles, resume bem essa criação. Inspirado por uma experiência de infância em um sítio, onde o caseiro misturava conhaque de alcatrão com leite ordenhado direto na caneca, criei o coquetel Mocashake.
O nome "Moca" vem da vaca da história. Mais tarde, descobri que essa mistura é uma tradição em muitos lugares.

Carashake

Nutritivo, long drink

Ingredientes
Sorvete de creme 1 bola (70 mL)
Cerveja Caracu 200 mL
Calda de chocolate 20 mL
Licor de amendoim 50 mL
Chantilly
Guarnições e adornos: Paçoca

Modo de preparo
Adicione o sorvete, a cerveja e o licor de amendoim no liquidificador e bata em velocidade baixa até obter uma mistura levemente cremosa, equivalente a um frapê. Cruste o copo internamente com a calda de chocolate. Despeje o coquetel no copo e cubra com o chantilly. Guarneça o copo com paçoca e sirva com um canudo grosso.

Nutritivo, suave e revigorante.

harmoniza com
Sobremesas de chocolate

convive com
Hambúrgueres clássicos

não combina com
Pratos muito condimentados

Antigamente, algumas rodoviárias brasileiras ofereciam uma vitamina feita com cerveja Caracu, paçoca e ovo de pata cru. Hoje, o consumo de ovos crus é desaconselhado, então a minha receita foi atualizada com sorvete. O resultado é um smoothie saboroso que mantém a tradição de batidas com cerveja. Essa nova versão é mais segura e ainda deliciosa, preservando a essência da bebida original.

Saideira

Ao iniciar a leitura deste livro, muitos talvez tenham imaginado que encontrariam somente receitas e dicas de preparo para coquetéis. Isso é comum até mesmo nos cursos de formação de bartenders em que tenho o prazer de lecionar. Em vez disso, foi apresentado um panorama geral da profissão do bartender, que além de dominar as técnicas para fazer ótimas bebidas, deve ter habilidade e competência para transmitir ideias e cultura, além de executar os serviços com um comportamento empreendedor e empático e ser plenamente capaz de trabalhar em equipe e administrar sua rotina e serviços de maneira segura. Essa é a verdadeira face da profissão, bem diferente da ideia inicial que a maioria dos entusiastas e até mesmo alguns profissionais já inseridos no mercado imaginam.

Assim são as profissões relacionadas à área de alimentos e bebidas; talvez pelo fato de muitas pessoas terem, de alguma forma, contato com a cozinha ou mesmo com o bar em casa, fazendo misturas aleatórias de bebidas em alguma festa, imagina-se que a profissão seja baseada somente em conhecimentos subjetivos e receitas prontas, sem necessitar de skills profissionais, robustas ou teóricas, mas isso é um engano, pois fazemos parte de um dos segmentos com maior necessidade de estudo e de atualizações constantes.

Vale reforçar que embora ainda não sejamos vistos assim, estamos aos poucos fazendo as pazes com nossas preferências e, com isso, fomentamos o surgimento de uma escola própria de coquetelaria, uma vertente diferente da caixa em que nos alocaram por anos. Estamos estudando cada vez mais e aprendemos rápido, temos na cultura íntima os dois ingredientes principais para nos transformarmos no país referência da coquetelaria: primeiro, a bagagem, pois há muito tempo utilizamos as técnicas dos clássicos introduzidas pelos grandes grupos de hotéis (e seus bares clássicos) e pelas big brands distilleries, que sempre apostaram no Brasil; e soma-se a isso a necessidade de se reinventar o tempo todo, promovida ora pelas dificuldades de acesso, ora pelas nossas próprias preferências.

Esses fatores fazem do Brasil um país com uma história única na coquetelaria, uma receita sem preconceitos que acolhe ideias e técnicas, descobrindo ingredientes com a curiosidade de uma criança, utilizando técnicas com a rebeldia de um adolescente e obtendo resultados de gente grande; é assim que defino a escola brasileira de coquetelaria.

Sempre disse, em tom de brincadeira, que saideira não se pede, se conquista; e o bom cliente vira amigo, ganha mesmo sem pedir...

Portanto, meu caro leitor, se você chegou até aqui, não o considero somente bom cliente, o considero amigo e, desse modo, entrego a saideira dizendo uma verdade sobre o mundo do bartender: nosso universo profissional é complexo, difícil e cheio de desafios, como qualquer outra profissão, mas temos uma vantagem, que é trabalhar com as pessoas nos melhores momentos dos seus dias, quando elas vão se divertir, aliviar o stress e socializar. Fazemos parte disso todos os dias, e temos um papel fundamental em suas vidas. Você já parou para pensar que o bartender vive um brinde a cada copo que prepara?

Saúde, bartenders!

Referências

AFÓNINA, Maria. Black russian, o coquetel com vodka da embaixatriz americana. **Russia Beyond**, 2021. Disponível em: https://br.rbth.com/receitas/85712-coquetel-black-russian. Acesso em: 9 nov. 2023.

AMADO, Jorge. **Gabriela, cravo e canela**. São Paulo: Companhia das Letras, 2008.

APRENDA a preparar o boulevardier. **Quero Ser Bartender,** 2021. Disponível: em: https://queroserbartender.com.br/2021/04/04/boulevardier/. Acesso em: 21 nov. 2023.

A RECEITA oficial da caipirinha. **Mapa da Cachaça**, 2021. Disponível em: https://mapadacachaca.com.br/artigos/a-receita-oficial-da--caipirinha/. Acesso em: 10 abr. 2024.

ASSUMPÇÃO, Gabriel. Rabo de galo entra para os principais drinques do mundo. **Paladar Estadão,** 2023. Disponível em: https://www.estadao.com.br/paladar/radar/rabo-de-galo-entra-para-lista-dos--principais-drinques-do-mundo/#:~:text=O%20an%C3%BAncio%20aconteceu%20nas%20redes,leva%20cacha%C3%A7a%2C%20vermu-te%20e%20cynar. Acesso em: 23 dez. 2023.

BLOODY Mary com cachaça do bartender Frajola. **Mapa da Cachaça**, 2021. Disponível em: https://mapadacachaca.com.br/receitas--com-cachaca/bloody-mary-com-cachaca-do-bartender-frajola/. Acesso em: 10 maio 2024.

BONFIM, Gabriel. Moscow mule: histórias, receita oficial e curiosidades. **Drink Bartenders**, 2021a. Disponível em: https://www.drinkbartenders.com.br/moscow-mule-historia-receita-oficial-e--curiosidades/. Acesso em: 3 dez. 2022.

BONFIM, Gabriel. Piña colada: histórias, receita original e curiosidades. **Drink Bartenders**, 2021b. Disponível em: https://www.drinkbartenders.com.br/pina-colada-historia-receita-original-e--curiosidades/. Acesso em: 8 maio 2022.

BOURBON mint julep: o primeiro drinque americano. **Mixology News**, 2019. Disponível em: https://mixologynews.com.br/receitas/bourbon-mint-julep/. Acesso em: 13 out. 2022.

BRASIL. Ministério da Saúde. **Resolução nº 35, de 17 de junho de 2009**. Dispõe sobre a obrigatoriedade de instruções de conservação

Bartender profissional: fundamentos e técnicas essenciais

e consumo na rotulagem de ovos e dá outras providências. Brasília, DF: Ministério da saúde, 2009. Disponível em: https://bvsms.saude.gov.br/bvs/saudelegis/anvisa/2009/res0035_17_06_2009.html. Acesso em: 8 fev. 2024.

BRASIL. Ministério da Saúde. **Resolução nº 216, de 15 de setembro de 2004**. Dispõe sobre Regulamento Técnico de Boas Práticas para Serviços de Alimentação. Brasília, DF: Ministério da Saúde, 2004. Disponível em: https://bvsms.saude.gov.br/bvs/saudelegis/anvisa/2004/res0216_15_09_2004.html. Acesso em: 21 maio 2024.

BRASIL. Ministério do Trabalho. **Classificação brasileira de ocupações (CBO)**. Brasília, DF: Ministério do Trabalho, 2023. Disponível em: https://cbo.mte.gov.br/cbosite/pages/home.jsf. Acesso em: 22 set. 2023.

BRASIL. Presidência da República. **Decreto nº 4.072, de 3 de janeiro de 2002**. Dá nova redação aos arts. 81, 91 e 93 do Regulamento aprovado pelo Decreto nº 2.314, de 4 de setembro de 1997, que dispõe sobre a padronização, a classificação, o registro, a inspeção, a produção e a fiscalização de bebidas. Brasília, DF: Presidência da República, 2002. Disponível em: https://www.planalto.gov.br/CCIVIL_03/decreto/2002/D4072impressao.htm. Acesso em: 10 abr. 2024.

BRASIL. Presidência da República. **Decreto nº 6.117, de 22 de maio de 2007**. Aprova a Política Nacional sobre o Álcool, dispõe sobre as medidas para redução do uso indevido de álcool e sua associação com a violência e criminalidade, e dá outras providências. Brasília, DF: Presidência da República, 2007. Disponível em: https://www.planalto.gov.br/ccivil_03/_ato2007-2010/2007/decreto/d6117.htm. Acesso em: 21 maio 2024.

BUENO, Eduardo. **Náufragos, traficantes e degredados**: as primeiras expedições ao Brasil. Rio de Janeiro: Objetiva, 1998.

CAMPISI, Caetano. Aprenda a preparar o boulevardier: a versão americana do Negroni. **Quero Ser Bartender**, 2021. Disponível em: https://queroserbartender.com.br/2021/04/04/boulevardier/. Acesso em: 10 maio 2024.

CARRO que faz parte do imaginário do brasileiro vira coquetel de sucesso. **Correio B**, 2020. Disponível em: https://correiodoestado.com.br/correio-b/carro-que-faz-parte-do-imaginario-do-brasileiro-vira-coquetel-de-suces/377451/. Acesso em: 3 maio 2024.

CASCUDO, Luis da Câmara. **História da alimentação no Brasil**. São Paulo: Companhia Editora Nacional, 2 vol., 1963-1967, Coleção Brasiliana 322 e 323, 1983.

Referências

CASCUDO, Luis da Câmara. **Prelúdio da cachaça**. São Paulo: Global, 2006.

CASHMAN, Terry. O expresso martini perfeito. **Diageo Bar Academy**, 2021. Disponível em: https://www.diageobaracademy.com/pt-br/home/coqueteis-classicos/o-expresso-martini-perfeito. Acesso em: 14 set. 2023.

CECCOTTI, Tiago. Brandy crusta. **Mixology News**, 2016a. Disponível em: https://mixologynews.com.br/receitas/brandy-crusta/. Acesso em: 21 out. 2023.

CECCOTTI, Tiago. Mai thai. **Mixology News,** 2016b. Disponível em https://mixologynews.com.br/receitas/mai-tai/. Acesso em: 21 out. 2022.

CECCOTTI, Tiago. Mary Pickford. **Mixology News**, 2017. Disponível em: https://mixologynews.com.br/receitas/mary-pickford/. Acesso em: 21 out. 2023.

CECCOTTI, Tiago. New York sour. **Mixology News**, 2016c. Disponível em: https://mixologynews.com.br/receitas/new-york-sour/. Acesso em: 21 out. 2023.

CHEREM, Carlos Eduardo; ABE, Maria Carolina. 50 g de batata e 269 mL de cerveja: por que as fábricas utilizam medidas quebradas. **Uol Economia**, 2018. Disponível em: https://economia.uol.com.br/noticias/redacao/2018/02/25/por-que-marcas-usam-medidas-quebradas.htm . Acesso em: 10 abr. 2024.

COCKTAIL dry martini – IBA. **Cocktail Team**, 2023a. Disponível em: https://cocktailteam.net/cocktail/cocktail-dry-martini-iba/. Acesso em: 1 dez. 2023.

COCKTAIL whiskey sour – IBA. **Cocktail Team**, 2023b. Disponível em: https://cocktailteam.net/cocktail/cocktail-whiskey-sour-iba/. Acesso em: 1 dez. 2023.

CONHEÇA a história do spritz – o drink mais famoso da Itália. **Italia Legal,** 2019. Disponível em: https://www.italialegal.com.br/conheca-a-historia-do-spritz-o-drink-mais-famoso-da-italia/. Acesso em: 13 maio 2024.

COQUETÉIS batidos – gastronomia e alimentação: aprendendo com o Senac. São Paulo: Senac São Paulo. 1 vídeo (28 min). Publicado pelo canal Sabor & Arte. Disponível em: https://youtu.be/2yzo1YSgq-ZA?si=RrtlbGmtx-VS1xdz. Acesso em: 16 fev. 2024.

CRUSCO, Sergio. As várias lendas sobre a história da margarita e as hipóteses mais prováveis de sua origem. **O Bar Virtual**, 2020. Disponível em: http://obarvirtual.com.br/historia-da-margarita-coque-tel-tequila-receita-origem-mexico-tijuana/. Acesso em: 29 jun. 2022.

DIFFORD, Simon. Margarita: origens e história. **Difford's Guide**, 2024. Disponível em: https://www.diffordsguide.com/pt--br/g/1138/margarita-cocktail/origins-and-history#:~:text=A%20 socialite%20Margaret%20Sames%20deu,ingredientes%20que%20 o%20seu%20pr%C3%B3prio. Acesso em: 12 mar. 2024.

DOSADOR para drinks: vale a pena investir? **Vincent Destilaria,** 2023. Disponível em: https://www.blog.vincentdestilaria.com. br/dosador-para-drinks-vale-a-pena-investir/#:~:text=O%20do-sador%20duplo%2C%20por%20exemplo,maior%20do%20que%20 tem%20hoje. Acesso em: 12 dez. 2023.

EAGLES – Tequila sunrise (live from Melbourne) (official video). 1 vídeo (3 min). Publicado pelo canal Eagles. Disponível em: https:// www.youtube.com/watch?v=bZxhQJC9hWk. Acesso em: 28 maio 2024.

FIDALGO, Janaina. Com cara de boteco chique, pandoro reabre e traz de volta clientes das antigas. **Folha de S.Paulo**, 2008. Disponível em: https://www1.folha.uol.com.br/fsp/ilustrad/fq1004200825. htm. Acesso em: 3 maio 2024.

GONÇALVES, Elizabeth. Irish coffee: como surgiu o verdadeiro café da Irlanda. **Edublin**, 2022. Disponível em: https://www.edublin. com.br/irish-coffee/. Acesso em: 2 jan. 2024.

HAIGH, Ted. **Vintage spirits and forgotten cocktails**: from the alamagoozlum to the zombie and beyond. Beverly, Massachusetts: Quarry Books, 2009.

INTERNATIONAL BARTENDERS ASSOCIATION (IBA). Americano. **IBA,** 2016a. Disponível em: https://iba-world.com/americano/. Acesso em: 11 abr. 2024.

INTERNATIONAL BARTENDERS ASSOCIATION (IBA). IBA members by country. **IBA**, 2021. Disponível em: https://iba-world.com/mem-bers/. Acesso em: 21 dez. 2023.

INTERNATIONAL BARTENDERS ASSOCIATION (IBA). Negroni. **IBA**, 2016b. Disponível em: https://iba-world.com/negroni/. Acesso em: 11 abr. 2024.

JANNUZZI, Felipe. A evolução da cachaça: entre tradição e inovação. **Mapa da Cachaça**, 2024. Disponível em: https://mapadacachaca. com.br/artigos/a-evolucao-da-cachaca-entre-tradicao-e-inovacao/. Acesso em: 28 maio 2024.

Referências

JUNIOR, Dirceu de Mattos *et al.* **Citros**: principais informações e recomendações de cultivo. Cordeirópolis, São Paulo: Instituto Agronômico – Centro APTA Citros Sylvio Moreira, 2005.

LONG Island iced tea: receita e como fazer. **Pepper Drinks,** 2022. Disponível em: https://www.pepperdrinks.com.br/long-island-iced-tea-receita-e-como-fazer. Acesso em: 13 maio 2024.

MILANESE, Enrico. Conheça a árvore genealógica do clássico Negroni. **Milanese Aperitivo & Co.**, 2023. Disponível em: https://milaneseaperitivo.com.br/conheca-a-arvore-genealogica-do-classico-italiano-negroni/. Acesso em: 21 nov. 2023.

O MOJITO: um verdadeiro ícone. **Diageo Bar Academy**, 2023. Disponível em: https://www.diageobaracademy.com/pt-br/home/coqueteis-classicos/o-mojito-um-verdadeiro-icone. Acesso em: 5 out. 2024.

ORGANIZAÇÃO PAN-AMERICANA DE SAÚDE (Opas). Álcool. **Opas**, 2023. Disponível em: https://www.paho.org/pt/topicos/alcool. Acesso em: 22 maio 2024.

PENICILLIN: um coquetel popular conhecido por seu sabor complexo. **Drinks & Receitas**, 2022. Disponível em: https://www.drinksereceitas.com.br/penicillin-cocktail-receita-original/. Acesso em: 1 jan. 2024.

PEREIRA, Ricardo. Cosmopolitan, história e receita completa. **Dose Extra, Drinks e Petiscos**, 2023. Disponível em: https://doseextraoficial.com.br/cosmopolitan-historia-e-receita-completa/. Acesso em: 10 abr. 2024.

PISCO sour peruano. **Blog Peru**, 2021. Disponível em: https://peru.info/es-pe/gastronomia/noticias/2/14/conoce-un-poco-mas-de-nuestro-pisco-sour. Acesso em: 2 set. 2023.

RABO de galo: do balcão do boteco ao reconhecimento internacional. **Clube do Barman**, [202-]. Disponível em: https://clubedobarman.com/rabo-de-galo-do-balcao-do-boteco-ao-reconhecimento-internacional/. Acesso em: 2 maio 2024.

RODRIGUES, Rafael. Histórias dos coquetéis: Alexander. **DrinquePedia**, [202-]a. Disponível em: https://drinquepedia.com/drinques/historias/238. Acesso em: 10 jul. 2023.

RODRIGUES, Rafael. História dos coquetéis: tequila sunrise. **DrinquePedia**, [202-]b. Disponível em: https://drinquepedia.com/drinques/historias/33. Acesso em: 6 jan. 2023.

SEX on the beach: conhece a história de como este drink surgiu? **Mestre dos Drinks**, 2021. Disponível em: https://mestredosdrinks.com/historia-do-drink-sex-on-the-beach/. Acesso em: 16 jul. 2022.

SIMONSON, Robert. How the paper plane became a modern classic. **Punch**, 2022. Disponível em: https://punchdrink.com/articles/how-paper-plane-became-modern-classic-cocktail-recipe-milk-and--honey-nyc/. Acesso em: 24 dez. 2023.

SOUZA, Andrea. Drink grasshopper: a bebida mista dos anos 50 que ficou famosa depois de aparecer na série the big bang theory. **FolhaGo**, 2021. Disponível em: https://folhago.com.br/blogs/receitas-faceis/receitas/grasshopper-bebida-mista/71007/. Acesso em: 20 jul. 2022.

THOMAS, Jerry. **The bartender's guide**: how to mix drinks or the bon vivant's companion. New York: Dick & Fitzgerald, 1862.

TRANSFORMAÇÕES de unidades. **Só Matemática**, 2023. Disponível em: https://www.somatematica.com.br/fundam/medcap2.php. Acesso em: 24 mar. 2023.

TREZZE, Sabrina. Wine drinks: kir e kir royal. **Vila Vinífera**, 2016. Disponível em: https://vila-vinifera.com/2016/05/21/wine-drinks--kir-e-kir-royal/. Acesso em: 12 dez. 2023.

WOON, Basil Dillon. **When it's cocktail time in Cuba**. New York: Horaco Liverlight, 1928.

Referências